너는 꿈을 어떻게 이룰래? **9**

비판 사고

리앙즈웬 지음 | 권혜영 옮김

하언

너는 꿈을 어떻게 이룰래? **9**

비판 사고

펴 냄	2007년 4월 1일 1판 1쇄 박음 | 2007년 4월 5일 1판 1쇄 펴냄
지은이	리앙즈웬(梁志援)
옮긴이	권혜영
펴낸이	김철종
펴낸곳	(주)한언
	등록번호 제1-128호 / 등록일자 1983. 9. 30
주 소	서울시 마포구 신수동 63-14 구 프라자 6층(우 121-854)
	TEL. 02-701-6616(대) / FAX. 02-701-4449
책임편집	김승규 sgkim@haneon.com
디자인	양진규 jkyang@haneon.com
일러스트	김신애 sakim@haneon.com
홈페이지	www.haneon.com
e-mail	haneon@haneon.com

이 책의 무단전재 및 복제를 금합니다.
잘못 만들어진 책은 구입하신 서점에서 바꾸어 드립니다.

ISBN 978-89-5596-419-6 44320
ISBN 978-89-5596-329-8 44320(세트)

비판 사고

꿈꾸는 아이들에게는
지식을 선물할 것이 아니라
지혜를 선물해야 합니다.

어린이들에게 지혜의 문을 열어주자

이 책은 왜 출간되었는가?

오늘날처럼 급변하는 시대에 전통적인 교육 시스템은 새로운 욕구를 만족시키지 못하는 경우가 많다. 일상생활에서 반드시 필요한 시간관리, 금전관리, 인간관계, 목표설정, 리더십, 문제해결 능력 등은 전통적인 교육방식으로는 배울 수 없는 것들이다. 《너는 꿈을 어떻게 이룰래?》시리즈는 바로 이러한 문제인식에서 출발하여 출간되었다. 이 시리즈는 동시대와 호흡하고 있는 여러 분야의 대가들의 지혜를 모델로 삼았으며, 그들의 사고방식(Thinking Model)을 재미있는 이야기로 엮었다. 또한 다양한 심리학적 지식을 참고하고 그 방법을 적용하여 학생들의 이해력을 돕고자 노력했다.

이 책은 누구를 위한 것인가?

이 책은 초등학교 4학년부터 중학교 3학년(약 9~15세) 학생들이 앞으로 인생을 살아가는 데 꼭 필요한 인성을 익힐 수 있도록 집필되었다. 만약 어린 학생이 이 책을 본다면 선생님과 부모님들은 그들의 이해 수준에 따라 적절한 설명을 곁들여야 효과가 클 것이다. 연습문제는 그대로 따라 풀 수 있도록 구성하였다. 물론 이 책은 성인들에게도 도움이 된다고 생각한다. 다만, 어린이들은 사물에 호기심이 많고 이해가 빠르기 때문에 사고방식 훈련에 더욱 좋은 효과가 있으리라 생각한다.

선생님과 부모님들은 이 책을 어떻게 활용해야 할까?

선생님과 부모님들은 먼저 지문의 요점을 이해한 다음, 아이들에게 설명하고 연습문제를 풀게 한다. 또 선생님과 부모님은 아이들의 인성교육에 있어 훌륭한 조언자이기 때문에 그들의 모범이 되어야 하며, 자신의 경험에 비추어 학생들과 함께 답안을 작성하고 느낀 점에 대해 토론해야 한다. 이 과정에서 학생들의 다양한 생각을 북돋워주고, 그 사고방식이 학생들의 생활에 소중한 가치관으로 자리 잡게 하며 이를 습관화하도록 도와준다. 그럼으로써 어른들은 자신의 삶을 되돌아볼 수 있고, 아이들의 인생은 보다 풍요롭고 행복해질 것이다.

이 책은 정답이 없다!

책 뒷부분에 제시된 답안은 학생들의 올바른 사고방식과 가치관 형성을 돕고자 하는 참고답안일 뿐 정답이 아니라는 점을 말해두고 싶다. 다양한 사고방식과 개인의 견해 차이를 인정해야 하기 때문이다. 참고답안에 얽매이기보다는 자유로운 토론과 사고를 통해 온전히 자신의 지혜로 만들기 바란다.

죽은 지식과 살아 있는 지혜

초등학교를 졸업할 때쯤 아이들의 신체조건, 지적 수준, 사고 능력은 거의 비슷하다고 할 수 있다. 그러나 오랜 세월이 지난 후 그 결과는 사뭇 다르다. 아마도 이러한 결과를 운의 몫으로 돌리는 사람도 있을 것이다. 어떤 사람들은 운이 따르지 않아서 성공할 수 없었고, 어떤 사람들은 운 좋게 귀인을 만나 성공했다고 생각할 수도 있다. 그렇다면 행운 외에 다른 이유는 없는 것일까? 한 학년의 학업을 마쳤다는 것은 학교에서 배운 지식과 능력이 다른 사람과 별 차이가 없다는 것을 의미한다. 그런데 왜 일부분의 사람들만 배운 지식을 자유자재로 활용할 수 있을까? 그것은 그들에게 또 다른 살아있는 지혜가 있기 때문이다.

지식사회에서 살고 있는 우리는 그 어느 때보다 지식에 대한 욕구가 간절하다. 우리는 반드시 이전보다 더 치열하게 학습하고 많은 시간을 투자해야 한다. 예를 들면 대학을 졸업하고 나서도 전공 관련 자격증을 취득하거나 앞으로 생계유지에 필요한 전문기술을 배워야 한다. 기초적인 전문기술이 우리의 경쟁력을 높여주고, 생계유지 차원에서 도움이 된다는 것은 의심할 여지가 없다. 그러나 이런 '죽은 지식'을 자유자재로 활용하려면 반드시 '산지식'을 자유자재로 활용할 수 있는 능력이 필요하다. 그렇다면 '산지식'을 활용할 수 있는 능력이란 무엇인가?

유명한 미래학자 존 나이스비트*John Naisbitt*는 지식사회에서 다음과 같은 네 가지 기능을 습득해야 한다고 말한다. 그것은 바로 공부하는 방법, 생각하는 방법, 창조하는 방법, 교제하는 방법이다.

같은 분야의 전문 자격증을 취득한 엔지니어 두 명이 있었다. 그중 A라는 사람은 공부하는 방법을 알고 있었기 때문에 급속하게 변화하는 시장의 요구에 맞춰 신제품 관련 지식을 파악할 수 있었고, 사람들과 교제하는 방법과 표현능력이 뛰어났기 때문에 더 많은 주문을 받을 수 있었다. 또한 창의적인 사고방식을 가지고 있어서 어려운 문제에 봉착했을 때 빠르고 쉽게 해결할 수 있었다. 그리고 과거를 반성하고 미래를 예측할 수 있는 혜안 덕분에 더욱 많은 기회를 잡을 수 있었다. 그러나 B라는 사람은 A처럼 그렇지 못했기 때문에 그에 비해 성공적인 삶을 살지 못했다.

죽은 지식과 산지식 사이에는 다음과 같은 차이점이 있다.

* 죽은 지식은 쉽게 시대에 뒤떨어지고 새로운 지식에 자리를 내주지만, 산지식은 평생 활용이 가능하다.
* 죽은 지식을 습득하는 데는 많은 시간이 필요하지만, 산지식은 짧은 시간 안에 쉽게 배울 수 있다. 그러나 산지식을 이해할 수도 인정할 수도 없는 사람들은 평생 걸려도 배우지 못한다.
* 죽은 지식은 일반적으로 학교에서 교과과정을 통해 배울 수 있지만, 산지식은 언제 어디서나 정해진 틀에 얽매이지 않고 배울 수 있다.
* 죽은 지식은 평가가 가능하지만, 산지식은 정확하게 평가하기가 어렵고 긴 시간이 지나야 그 결과를 통해 알 수 있다. 그러나 확실하게 산지식을 배울 수 있다면 그 효과는 굉장하다.

성공한 사람들의 공통점이 있다면 그들은 산지식의 소유자라는 것이다. 리앙즈웬 선생이 쓴 《너는 꿈을 어떻게 이룰래?》 시리즈는 바로 세계적인 교육의 새로운 흐름에 따라 집필된 '산지식' 이라 하겠다. 이 시리즈는 지식사회가 요구하는 인재육성을 위한 훌륭한 교과서다. 이 책의 특징은 어려운 문장은 피하고, 간결하고 정확한 언어를 사용했다는 점이다. 연습문제를 통해 학생들이 쉽게 이해하고, 그

숨은 뜻을 바로 습득할 수 있도록 구성했다. 즉, 이 책에서 제기된 많은 지식들은 사람들이 평생 배워도 체계적으로 터득하기 어려운 산지식이라고 자신 있게 말할 수 있다. 아이들이 이 시리즈를 통해 평생 사는 데 도움이 되는 훌륭한 지혜들을 얻기 바란다.

－존 라우《너는 꿈을 어떻게 이룰래?》시리즈 고문

아름다운 보석 같은 당신의 뛰어난 생각이 빛을 발하기 전에 항상 먼저 깨끗이 닦고, 고치고 다듬는 노력을 거쳐야 합니다.

청소년들은 매일 엄청난 위력의 정보를 접합니다. 신문, 잡지, 인터넷, 방송 등의 대중매체에서 접하는 복잡하고 혼란스런 보도와 광고 정보는 그들의 인생과 가치관에 크게 영향을 줍니다. 이 외에도 각 분야의 지식영역에서도 전문가들의 의견이 분분합니다. 그렇다면 이렇게 많은 혼란스러운 생각을 어떻게 이해하여 옳고 그름을 판단할 수 있을까요?

정보가 범람하는 새로운 시대에서 청소년들은 '비판적인 사고능력'을 키워야 정보를 선별할 수 있습니다. 그러면 사회의 좋지 않은 모습과 대중매체가 부추기는 흐름이나 가치의 영향을 받지 않습니다. '비판적인 사고'는 바로 청소년들이 개방적인 태도로 새로운 사물을 대하고, 편견을 극복하여 다른 관점을 이해하고 존중할 수 있도록 훈련하는 것입니다. 그리고 동시에 정보의 합리성을 판단하고 오류를 밝히도록 하는 것입니다.

이 책을 읽고 청소년들이 비판적인 사고능력을 키워 옳고 그름을 분명하게 가리고 정확하게 의문하는 태도를 가지길 기대합니다.

차 례

비판 사고란

사고를 잘하는 사람들은 참신한 생각을 잘 받아들이고 현실에 적용가능한 생각을 펼칩니다.

'비판 사고'는 어떤 사건의 참과 거짓을 구분하고 옳고 그름을 바르게 판단하기를 도와줍니다. 또 편견을 받아들이지 않고 진리를 깨우치며 잘못된 것을 바로 잡을 수 있게 도와주어 '독립 사고'라고도 해요. 이를 통해 합리적인 결정과 올바른 선택을 할 수 있습니다.

1 비판 사고란

비판 사고는 흔히 '이성적인 재판관'으로 비유됩니다. 다시 말해 재판관이 사건을 처리하는 것처럼 반드시 사건을 합리성, 정확성, 신뢰성, 진실성, 관계성으로 따진 후 자신의 판단과 결론을 내리는 것을 말해요. 비판 사고의 목적은 진실과 거짓, 옳고 그름을 구분할 뿐 남을 무시하거나 건방지게 잘난 체하며 흠을 들추는 것은 아니에요. 그래서 비판 사고를 하는 사람은 반드시 다른 사람을 존중할 줄 알아야 합니다. 다른 사람을 비판할 때는 구체적으로 건의하거나 타당하지 않은 부분을 분석한 후 말해야 합니다. 그래야만 올바른 비판 사고 과정을 만들 수 있어요.

01 비판 사고는 어떤 점을 도와주나요? 자신이 생각하는 답을 모두 고르세요.

　□ 가. 참과 거짓을 구분하게 도와준다.

　□ 나. 옳고 그름을 판단하게 도와준다.

　□ 다. 편견을 없애도록 도와준다.

　□ 라. 진리를 깨우치게 도와준다.

　□ 마. 잘못된 것을 바로 잡도록 도와준다.

　□ 바. 올바른 결정을 하도록 도와준다.

　□ 사. 전통적인 풍습을 깨도록 도와준다.

　□ 아. 참신한 생각을 못하게 한다.

02 비판 사고는 무엇으로 비유되나요?

　□ 가. 똑똑한 재판관

　□ 나. 이성적인 재판관

　□ 다. 합리적인 재판관

　□ 라. 공평한 재판관

03 비판 사고를 하는 사람은 일을 처리할 때 어떤 점을 따져보나요?

　(정답을 모두 고르세요)

　□ 가. 합리성

　□ 나. 상황성

　□ 다. 정확성

　□ 라. 신뢰성

　□ 마. 진실성

　□ 바. 관계성

　□ 사. 도전성

　□ 아. 기호성

CHAPTER 1

04 비판 사고를 하는 사람은 다른 사람을 어떻게 대해야 하나요?

☐ 가. 다른 사람을 받들어야 한다.

☐ 나. 다른 사람을 믿어야 한다.

☐ 다. 다른 사람을 존중해야 한다.

☐ 라. 다른 사람을 비난해야 한다.

05 올바른 비판 사고를 하면 어떻게 되나요?(정답을 모두 고르세요)

☐ 가. 현실에서 실행가능한 창의적인 방법을 생각하게 한다.

☐ 나. 자세한 행동계획을 세우도록 한다.

☐ 다. 구체적으로 건의하도록 한다.

☐ 라. 각 의견의 우열을 가리도록 돕는다.

☐ 마. 각 의견이 미치는 영향력을 예측한다.

☐ 바. 타당하지 않은 부분을 분석하도록 한다.

06 다음 중 비판 사고가 부족한 것은 무엇인가요?(정답을 모두 고르세요)

☐ 가. 자신의 의견없이 남의 말을 따른다.

☐ 나. 말에 앞뒤가 틀리다.

☐ 다. 감정에 호소한다.

☐ 라. 생각하는 즉시 판단한다.

☐ 마. 주관적이고 극단적으로 생각한다.

☐ 바. 무조건 부정한다.

☐ 사. 상대방의 부끄러운 점을 비난한다.

☐ 아. 자신의 의견없이 사회의 흐름에 휩쓸린다.

☐ 자. 소문을 곧이곧대로 믿지 않는다.

☐ 차. 다른 사람의 말을 자신의 생각대로 인용한다.

☐ 카. 다른 사람의 의견은 전혀 듣지 않는다.

2 비판 사고를 하는 사람의 태도

비판 사고가 익숙한 사람들은 냉철하고 객관적입니다. 즉 다른 사람의 의견을 자세하게 분석할 수 있다는 말입니다. 이들은 다음과 같은 태도를 가져요.

- 다양한 분야에 호기심이 많고 '왜'라는 질문을 자주해요.
- 문제를 처리할 때 되도록 객관적으로, 사실에 근거해서 분석해요.
- 열린 생각으로 다양한 관점과 의견을 받아들여요.
- 자신의 의견을 고집하지 않고 사실에 근거하여 자신의 관점을 수정하기도 해요.
- 빈틈없이 완벽한 사고와 추리를 해요.

다음 문장들이 비판 사고의 태도로 말한 것인지 생각해보세요.

01 나는 현재의 과학기술로 절대 무인우주선을 만들 수 없다고 믿습니다.

□ 가. 예, 충분히 설명할 수 있는 실제 자료가 있기 때문입니다.

□ 나. 아니오, 세상의 일에 호기심을 가지지 않았기 때문입니다.

□ 다. 아니오, 열린 마음으로 새로운 생각을 받아들이지 않았기 때문입니다.

□ 라. 예, 빈틈없이 완벽한 사고를 했기 때문입니다.

02 영희는 아주 거칠고 험상궂은 미국인 한 명을 만났습니다. 그 후 영희는 모든 미국인들이 이렇게 거칠고 험상궂다고 생각합니다.

□ 가. 예, 영희는 사실에 근거해서 분석했기 때문입니다.

□ 나. 예, 영희는 사실을 정확히 이해했기 때문입니다.

□ 다. 아니오, 영희는 새로운 관점을 가지지 않았기 때문입니다.

□ 라. 아니오, 영희는 한 부분만 보았기 때문입니다.

03 학생회장 선거에 출마한 사람은 모두 부도덕한 사람입니까?

　□ 가. 예, 새로운 관점을 제시했기 때문입니다.

　□ 나. 예, 모든 사람에 대해서 의문을 가지기 때문입니다.

　□ 다. 아니오, 그에 대한 사실과 근거가 없기 때문입니다.

　□ 라. 아니오, 빈틈없이 완벽한 사고와 추리를 하지 않았기 때문입니다.

04 도서관에서 찾은 자료를 근거로 태양의 온도가 달보다 높은 것을 증명합니다.

　□ 가. 아니오, 새로운 관점을 제시하지 않았기 때문입니다.

　□ 나. 예, 세상에 대해서 호기심이 많기 때문입니다.

　□ 다. 예, 그에 대한 사실과 근거를 제시했기 때문입니다.

　□ 라. 아니오, 남이 말하는 대로 그저 따라가는 것이기 때문입니다.

05 내 직감에 의하면 내년에 우리나라는 큰 태풍피해를 입을 것입니다.

　□ 가. 아니오, 그에 대한 충분한 근거를 제시하지 않았기 때문입니다.

　□ 나. 예, 완벽한 사고를 했기 때문입니다.

　□ 다. 예, 직감은 매우 정확하기 때문입니다.

　□ 라. 아니오, 새로운 생각에 대해 열린 마음이 없기 때문입니다.

06 나는 역사책을 보고 미국 대통령이 모두 남성이었다는 것을 알았습니다.

　□ 가. 아니오, 그것은 근거없는 소문이기 때문입니다.

　□ 나. 아니오, 책에 기록된 사실을 무조건 믿는 것에 불과하기 때문입니다.

　□ 다. 예, 완벽한 사고를 했기 때문입니다.

　□ 라. 예, 그에 대한 사실과 근거를 제시했기 때문입니다.

07 원자력 공장을 또 세우면 안 됩니다. 비용이 매우 비싸기 때문입니다.

□ 가. 예, 완벽한 사고를 했기 때문입니다.

□ 나. 예, 객관적으로 문제를 보았기 때문입니다.

□ 다. 아니오, 새로운 기술에 대해서 호기심을 가질 수 없기 때문입니다.

□ 라. 아니오, 그에 대한 사실과 근거를 제시할 수 없기 때문입니다.

08 내 생각에는 남학생이 반장을 하면 좋겠어요.

□ 가. 아니오, 여학생의 능력에 대해서는 의문점이 많기 때문입니다.

□ 나. 아니오, 그에 대한 사실과 근거를 제시하지 않았기 때문입니다.

□ 다. 예, 완벽한 사고와 추리를 했기 때문입니다.

□ 라. 예, 자신의 의견을 고집스럽게 내세우기 때문입니다.

09 그는 유명한 과학자입니다. 그래서 어디서나 다른 사람을 가르치고 자료를 찾습니다.

□ 가. 아니오, 다양한 관점에서 생각하지 않았기 때문입니다.

□ 나. 예, 완벽한 사고를 했기 때문입니다.

□ 다. 아니오, 주관적으로 문제를 보지 않았기 때문입니다.

□ 라. 예, 자료를 찾고 분석했기 때문입니다.

10 분명하지 않은 것을 보면 바로 자료를 찾아야 합니다.

□ 가. 아니오, 개방적인 태도를 취하지 않았기 때문입니다.

□ 나. 예, 완벽한 사고를 했기 때문입니다.

□ 다. 아니오, 객관적으로 문제를 보지 않았기 때문입니다.

□ 라. 예, 자료와 증거를 찾아서 분석하기 때문입니다.

3 비판 사고의 중요성

　　비판 사고는 일상생활과 밀접한 관련이 있다고 말할 수 있어요. 비판 사고를 하면 판매원의 말이 맞는지 틀린지, 정치인의 말이 믿을 만한지, 광고내용에 왜곡된 사실은 없는지, TV나 라디오의 뉴스가 믿을 만한지 알 수 있어요. 그리고 자신의 실패 원인을 찾아 깊이 반성할 수 있어요. 다시 말해 누구나 가져야 할 판단능력, 현대 민주사회건설의 주춧돌이라고 할 수 있습니다.

01 비판 사고는 민주주의에 어떤 좋은 점이 있나요?(정답을 모두 고르세요)

　　□ 가. 여론의 정치의견을 분석할 수 있다.

　　□ 나. 적합한 여론대표를 선택할 수 있다.

　　□ 다. 자신에게만 이로운 대표를 뽑을 수 있다.

　　□ 라. 정부에 대하여 정확한 판단을 할 수 있다.

　　□ 마. 자신의 실패 원인을 반성할 수 있다.

　　□ 바. 다른 의견을 가진 단체를 비난할 수 있다.

02 비판 사고는 소비자들에게 어떤 좋은 점이 있나요?

　　□ 가. 친구가 한 말의 오류를 따질 수 있다.

　　□ 나. 광고내용의 진실성을 판단할 수 있다.

　　□ 다. 판매원의 말이 맞는지 틀린지 분별할 수 있다.

　　□ 라. TV나 라디오의 뉴스를 이해할 수 있다.

　　□ 마. 사회의 좋지 않은 현상을 없앨 수 있다.

　　□ 바. 광고내용에 대해서 비판할 수 있다.

03 비판 사고는 개인에게 어떤 좋은 점이 있나요?

□ 가. 다른 사람의 거짓말을 판단할 수 있다.

□ 나. 사건의 옳고 그름을 판단할 수 있다.

□ 다. 자신의 잘못된 점을 찾고 변화하는 방법을 찾을 수 있다.

□ 라. 사건의 실패 원인에 대해 깊이 분석하고 반성할 수 있다.

□ 마. 사회의 좋지 않은 현상에 대해 저항할 수 있다.

□ 바. 친구가 한 말의 오류를 따질 수 있다.

 제1과 학습 포인트

√ 비판 사고는 사건의 참과 거짓, 옳고 그름을 판단할 수 있도록 도와준다.

√ 비판 사고를 할 때 합리성, 정확성, 신뢰성, 진실성, 관계성을 따져보아
야 한다.

√ 비판 사고를 할 때 반드시 다른 사람을 존중하며 구체적으로 건의하고
타당성이 없는 부분은 철저히 분석한 뒤 말한다.

√ 비판 사고의 태도

❶ 세상에 대해서 호기심이 가득 차 있어야 한다.

❷ 객관적으로 문제를 처리해야 한다.

❸ 열린 생각을 가져야 한다.

❹ 마음을 열어 자신의 의견만 고집스럽게 내세우지 않는다.

❺ 완벽한 사고와 추리를 해야 한다.

√ 비판 사고는 누구나 가져야 할 판단능력이며 일상생활과 아주 밀접한
관계가 있다.

비판 사고의 방법

진실하고 정확한 판단을 하려면 반드시 고정관념과 편견에서 벗어나야 한다.

사람들은 일반적으로 비판 사고(독립 사고)라 하면 다른 사람의 의견을 부정하고 다른 사람의 영향을 받아들이지 않으며 자신의 주관만 내세우는 것으로 여깁니다. 그러나 이것은 그저 자신의 의견을 고집하는 것이지 진정한 비판 사고라 할 수 없습니다.

1 비판 사고 능력 기르기

사람들은 유년시절부터 부모님, 선생님, 친구, 책, 존경하는 인물, 대중매체, 사회, 종교 그리고 문화 등의 영향을 받아 자신도 모르는 사이에 자신의 의견을 만듭니다. 바꿔 말하면 우리가 비판 사고라 여기는 것은 위에서 말한 외적 요인의 영향을 받기 때문에 '사고의 노예'라고 할 수 있어요. 이러한 요인들의 구속에서 벗어나려면 다음 방법으로 자신의 비판 사고 능력을 키워보세요.

- 풍부한 지식으로 어떤 일의 과정과 부족한 점을 잘 이해하고 판단하세요.
- 많이 생각하세요. 완벽한 논리훈련으로 사건의 실마리를 찾아 필요한 것만 남기고 불필요한 것은 버리세요. 그러면 잘못된 판단을 하지 않을 겁니다.
- 자신과 다른 사회분야로 확대하여 경험을 늘리세요. 또 많은 다른 관점에서 사건을 생각하세요.

01 우리의 생각은 언제부터 만들어지나요?

    ☐ 가. 유년기

    ☐ 나. 아동기

    ☐ 다. 소년기

    ☐ 라. 청년기

02 우리의 생각은 어떤 요인의 영향을 받나요?(정답을 모두 고르세요)

    ☐ 가. 종교

    ☐ 나. 책

    ☐ 다. 존경하는 인물

    ☐ 라. 친구

    ☐ 마. 문화

    ☐ 바. 부모님

    ☐ 사. 선생님

    ☐ 아. 학교

    ☐ 자. 사회

    ☐ 차. 대중매체

03 '사고의 노예'란 무엇인가요?

    ☐ 가. 개인의 영향을 많이 받아 자신의 견해가 없는 사람

    ☐ 나. 부모의 영향을 많이 받아서 자신의 견해가 없는 사람

    ☐ 다. 내적 요인의 영향을 많이 받아서 자신의 견해가 없는 사람

    ☐ 라. 외적 요인의 영향을 많이 받아서 자신의 견해가 없는 사람

04 충분한 근거로 다른 사람의 과학발명을 평가하려면 어떻게 해야 할까요?

    ☐ 가. 문화지식을 가져야 한다.

    ☐ 나. 과학지식을 가져야 한다.

    □ 다. 회화지식을 가져야 한다.

    □ 라. 음악지식을 가져야 한다.

05 충분한 근거로 다른 사람의 예술작품을 평가하려면 어떻게 해야 할까요?

    □ 가. 생활지식을 가져야 한다.

    □ 나. 과학지식을 가져야 한다.

    □ 다. 예술지식을 가져야 한다.

    □ 라. 문학지식을 가져야 한다.

06 많이 생각하는 것은 비판 사고 능력을 기르는 데 어떤 도움을 주나요?

    □ 가. 사건의 일치성과 신뢰성을 찾게 해준다.

    □ 나. 사건의 합리성과 진실성을 찾게 해준다.

    □ 다. 사건의 기호성과 실용성을 찾게 해준다.

    □ 라. 사건의 특별성과 일반성을 찾게 해준다.

07 경험을 늘리는 것이 비판 사고를 하는 데 어떤 도움을 주나요?

    □ 가. 다양한 관점으로 사건을 생각하게 해준다.

    □ 나. 다양한 단계로 사건을 생각하게 해준다.

    □ 다. 다양한 역할로 사건을 생각하게 해준다.

    □ 라. 다양한 방법으로 사건을 생각하게 해준다.

2 비판 사고의 단계

    비판 사고는 한 마디로 얘기해서 확실하고 믿을 만한 '근거'와 충분한 근거가 바탕이 되는 '이유'로 '결론'을 뒷받침하는 것입니다. 이 과정은 7단계로 나눌 수 있습니다.

❶ 의제와 결론을 확실히 알아라.

　상대방이 무엇을 믿고(무엇에 근거해서) 나를 설득하는지 알아야 해요.

❷ 결론을 뒷받침할 수 있는 이유를 찾아라.

　어떤 적합한 이유가 있는지 알아야 해요.

❸ 상대방의 의견을 따져보라.

　중요한 단어의 진정한 의미를 정확하게 정리해야 해요.

❹ 상대방의 숨은 가설을 찾으라.

　상대방이 당연하게 여기는 신념과 입장을 알아야 해요.

❺ 결론을 뒷받침하는 이유의 신뢰성을 판단해보라.

　정보의 근거와 출처의 신뢰도를 평가해야 해요.

❻ 원인과 결과를 설명할 수 있는 공식(모델)을 만들라.

　많은 이유들이 하나의 사건을 만들어요.

❼ 합리적인 결론을 내려라.

　가장 설득력 있는 근거가 결론을 뒷받침하고 있는지 확인해야 해요.

01 비판 사고의 첫 단계는 무엇입니까?

☐ 가. 상대방이 당신을 설득할 때 무엇을 얻으려 하는지 알아야 한다.

☐ 나. 상대방이 당신을 설득할 때 무엇을 만들어 내는지 알아야 한다.

☐ 다. 상대방이 당신을 설득할 때 무엇을 믿고 있는지 알아야 한다.

☐ 라. 상대방이 당신을 설득할 때 무엇을 포기하는지 알아야 한다.

02 위 단계에서 상대방이 반드시 해야 할 것은 무엇입니까?

☐ 가. 적합한 개념을 제시해야 한다.

☐ 나. 적합한 느낌을 제시해야 한다.

☐ 다. 적합한 기분을 제시해야 한다.

☐ 라. 적합한 이유를 제시해야 한다.

03 상대방의 의견을 오해하지 않으려면 어떻게 해야 할까요?

☐ 가. 중요한 단어의 진정한 의미를 반복한다.

☐ 나. 중요한 단어의 진정한 의미를 정리한다.

☐ 다. 중요한 단어의 진정한 의미를 삭제한다.

☐ 라. 중요한 단어의 진정한 의미를 수정한다.

04 '우리는 신이 창조한 아름다운 세계를 반드시 보호해야 한다'는 문장에서 화자의 숨겨진 신념은 무엇인가요?

☐ 가. 세계를 참 아름답다고 여긴다.

☐ 나. 세계는 신이 창조한 것이라고 여긴다.

☐ 다. 신의 존재를 믿는다.

☐ 라. 지구를 보호해야 한다고 주장한다.

05 다음 중 비교적 믿을 만한 것은 무엇인가요?(정답을 모두 고르세요)

　□ 가. 정부가 발표하는 성명

　□ 나. 과학적인 검증

　□ 다. 유언비어

　□ 라. 조사 보고서

　□ 마. 친구들의 대화

　□ 바. 길에서 들은 근거 없는 말

06 왜 원인과 결과를 설명하는 공식을 찾아야 할까요?

　□ 가. 한 사건의 발생은 대부분 두 가지 이유가 만들어낸 결과이기 때문이다.

　□ 나. 한 사건의 발생은 대부분 이유가 없기 때문이다.

　□ 다. 한 사건의 발생은 대부분 단일한 이유가 만들어낸 결과이기 때문이다.

　□ 라. 한 사건의 발생은 대부분 많은 이유가 만들어낸 결과이기 때문이다.

07 합리적인 결론은 반드시 어떠한 특징을 가져야 하나요?(정답을 모두 고르세요)

　□ 가. 뚜렷한 근거를 가져야 한다.

　□ 나. 믿을 만한 근거를 가져야 한다.

　□ 다. 뒷받침하는 모든 근거가 성립해야 한다.

　□ 라. 근거는 결론을 뒷받침하고 있어야 한다.

　□ 마. 근거는 서로 다른 출처를 가져야 한다.

　□ 바. 아주 복잡한 근거를 가져야 한다.

3 비판 사고와 창의 사고

　비판 사고의 임무는 현재 상황이나 지식에 만족하지 않고 다시 한번 자세히 살펴보고 평가해서 부족한 점과 현상의 옳지 않음을 지적하는 것입니다. 그러므로 비판 사고는 인류발전의 거대한 수레바퀴라고도 할 수 있어요. 또 창의 사고는 이렇게 만족하지 않은 것들을 더 좋고, 새롭게 가치 있는 것으로 만드는 것입니다.

그 핵심임무는 바로 새로운 방식으로 기존의 틀을 깨는 것입니다. 간단히 말해 비판 사고가 없으면 바로 창의 사고도 없습니다. 또 우리가 창의 사고로 새로운 의견을 많이 생각해낸 후에는 반드시 비판 사고로 적절하지 않은 생각들을 걸러내야 합니다. 이를 통해 높은 가치의 창의를 얻을 수 있습니다. 즉 비판 사고와 창의 사고는 서로 도와주는 떼려야 뗄 수 없는 관계입니다.

01 비판 사고는 현재 상황이나 지식을 어떤 태도로 대하는 것인가요?

☐ 가. 만족하지 않는다.

☐ 나. 잘 이해한다.

☐ 다. 적절하다고 생각한다.

☐ 라. 무조건 불만을 가진다.

02 비판 사고를 하는 사람들은 왜 새로운 컴퓨터바이러스를 받아들이지 않나요?

☐ 가. 도움이 되지 않기 때문이다.

☐ 나. 성능을 향상시키기 때문이다.

☐ 다. 고품질이지 않기 때문이다.

☐ 라. 가치가 높기 때문이다.

03 비판 사고와 창의 사고의 비슷한 점은 무엇인가요?

☐ 가. 과거에서 새로운 것을 찾아낸다.

☐ 나. 힘든 일은 피하고 쉬운 일을 골라 한다.

☐ 다. 낡은 것을 없애고 새로운 것을 만든다.

☐ 라. 말이나 행동으로 인기를 얻는다.

04 다음 중 가장 먼저 해야 할 것은 무엇인가요?

　　□ 가. 창의 사고

　　□ 나. 한계돌파 사고

　　□ 다. 비판 사고

　　□ 라. 시스템 사고

05 왜 비판 사고로 창의 사고의 부족한 면을 채워야 하나요?

　　□ 가. 권력에 도전해야 하기 때문이다.

　　□ 나. 자아를 능가해야 하기 때문이다.

　　□ 다. 전통을 깨야 하기 때문이다.

　　□ 라. 문제를 해결해야 하기 때문이다.

4 연습 : 다음 문장에 맞는 사고를 찾아보세요.

01 가치를 없애고 수정하며 평가하는 과정을 거친다.

　　□ 가. 비판 사고　　　　□ 나. 창의 사고

02 실제 생활에 맞는 생각을 한다.

　　□ 가. 비판 사고　　　　□ 나. 창의 사고

03 장점과 단점을 찾는다.

　　□ 가. 비판 사고　　　　□ 나. 창의 사고

04 많은 생각들을 제시한다.

　　□ 가. 비판 사고　　　　□ 나. 창의 사고

05 정답을 찾을 필요 없다.

　　□ 가. 비판 사고　　　　　□ 나. 창의 사고

06 문제가 당연하다고 생각하지 않는다.

　　□ 가. 비판 사고　　　　　□ 나. 창의 사고

07 여러 관점으로 반대한다.

　　□ 가. 비판 사고　　　　　□ 나. 창의 사고

08 다른 방법을 계속 시도한다.

　　□ 가. 비판 사고　　　　　□ 나. 창의 사고

09 현재의 상황에 만족하지 않는다.

　　□ 가. 비판 사고　　　　　□ 나. 창의 사고

10 미지의 분야를 찾아 탐색한다.

　　□ 가. 비판 사고　　　　　□ 나. 창의 사고

11 생각의 폭이 갈수록 좁아진다.

　　□ 가. 비판 사고　　　　　□ 나. 창의 사고

12 생각의 폭이 갈수록 확대된다.

　　□ 가. 비판 사고　　　　　□ 나. 창의 사고

13 오랜 관습을 깨야 한다고 생각한다.

    □ 가. 비판 사고   □ 나. 창의 사고

14 문제를 파헤쳐 보는 것은 문제의 핵심에 다가가게 한다.

    □ 가. 비판 사고   □ 나. 창의 사고

15 자료를 분석하고 깊이 있는 질문을 한다.

    □ 가. 비판 사고   □ 나. 창의 사고

16 진리를 추구한다.

    □ 가. 비판 사고   □ 나. 창의 사고

17 먼저 증명하고 나에게 보여 주세요.

    □ 가. 비판 사고   □ 나. 창의 사고

18 당신의 의견에 근거가 있나요?

    □ 가. 비판 사고   □ 나. 창의 사고

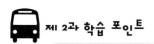 제 2과 학습 포인트

✓ '사고의 노예'란 많은 외부 요인에 영향을 받아 자신의 의견을 내세우지
못하는 사람을 일컫는다.

✓ 비판 사고 능력을 기르는 방법

❶ 다양한 분야의 지식을 습득하라.

❷ 많이 생각해서 사건의 실마리를 찾아 나쁜 것은 버리고 좋은 것만 남긴다.

❸ 경험을 늘려라.

✓ 비판 사고의 7가지 단계

❶ 의제와 결론을 확실히 알아라.

❷ 결론을 뒷받침할 수 있는 이유를 찾아라.

❸ 상대방의 의견을 따져보라.

❹ 상대방의 숨은 가설을 찾아라.

❺ 결론을 뒷받침하는 이유의 신뢰성을 판단해보라.

❻ 원인과 결과를 설명할 수 있는 공식(모델)을 만들라.

❼ 합리적인 결론을 내려라.

의제를 찾아보자

진리는 비평을 좋아해요. 비평을 통해서 진리는 빛을 발하기 때문이죠.

현대인은 매일 엄청난 정보에 휩싸여 있어요. 또 우리가 그 정보들을 받아들이도록 다양한 의견으로 설득합니다. 이러한 의견들을 올바르게 평가하려면 상대방이 자신을 설득할 때 무엇을 믿고 있는지를 알아야 합니다. 상대방이 무엇을 믿고 설득하려는지조차 모른다면 상대의 의견을 평가할 수 없을 거예요.

1 의제란 무엇인가

의제(Issue)란 연구나 토론, 의논 등을 통해 해결해야 할 문제를 말해요. 비슷한 말로는 '논쟁'이 있어요. 의제는 한 사람이 자신의 의견을 표현하는 것이므로 다른 사람이 자신의 의견 등을 믿어주길 바라는 마음이 담겨 있어요. 비판 사고는 의제를 찾는 것과 같다고 말할 수 있어요. 의제가 무엇인지 확실히 알아야 우리는 상대방의 글과 말의 핵심을 이해하고 결론을 내릴 수 있거든요.

01 상대방의 의견을 평가하려면 왜 의제를 찾아야 할까요?

☐ 가. 상대가 우리를 설득할 때 무엇을 보고 있는지 알아야 한다.

☐ 나. 상대가 우리를 설득할 때 무엇을 공부하는지 알아야 한다.

☐ 다. 상대가 우리를 설득할 때 무엇을 의심하는지 알아야 한다.

☐ 라. 상대가 우리를 설득할 때 무엇을 믿고 있는지 알아야 한다.

02 의제란 무엇인가요?

☐ 가. 연구나 토론, 의논할 문제

☐ 나. 연구나 토론의 결과

☐ 다. 상대방에게 보여줄 연구자료

☐ 라. 상대방이 내세우는 근거

03 다음 중 의제를 확실히 해야 하는 것은 무엇인가요?(정답을 모두 고르세요)

☐ 가. 환경미화를 해야 한다는 통신문을 쓴다.

☐ 나. 장난감을 만든다.

☐ 다. 연설을 발표한다.

☐ 라. 문장을 쓴다.

☐ 마. 사설을 쓴다.

☐ 바. 책을 쓴다.

04 의제를 찾으면 어떻게 되나요?(정답을 모두 고르세요)

☐ 가. 적절한 표현방법을 찾게 된다.

☐ 나. 상대방의 교육수준을 평가하게 된다.

☐ 다. 상대방의 글과 말의 핵심을 이해하게 된다.

☐ 라. 상대방의 성격을 알게 된다.

☐ 마. 상대방의 약점을 찾게 된다.

☐ 바. 결론을 내리게 된다.

05 다음 중 의제의 예는 무엇인가요?(정답을 모두 고르세요)

　□ 가. 고등학생의 교통요금을 내려야 하는 것 아닌가?

　□ 나. 고혈압을 일으키는 원인은 무엇인가?

　□ 다. 에이즈 환자는 반드시 격리시켜야 하는가?

　□ 라. 국민연금은 반드시 필요한가?

　□ 마. 사형제도를 계속 유지해야 하는가?

　□ 바. 창의력은 어떠한 요소가 만들어낸 것인가?

　□ 사. 음주운전 과태료를 반드시 올려야 하는가?

　□ 아. 학교는 비판 사고의 교육과정을 채택해야 하는가?

2 좋은 의제란 무엇인가

　사람들이 여러분의 관점을 쉽게 이해하려면 반드시 의제가 분명하고 간단명료하면서 요점이 뚜렷해야 합니다. 그렇지 않으면 많은 말을 할수록 원래 말하려던 의제에서 멀리 벗어나고 말아요. 의제는 반드시 일관성이 있어야 해요. 일관성이란 생각이 수시로 변하지 않는 것을 말해요. 한 예로 '중학교에서 비판 사고 교육이 이뤄져야 한다'가 '중학생의 창의 사고는 계발되어야 한다'로 변하는 상황을 들 수 있습니다. 또 의제는 어떤 사람의 의도가 담긴 정보로서 모든 글의 중심입니다. 그 목적은 우리의 신념과 행위를 변화시키는 데 있어요.

01 좋은 의제가 갖춰야 하는 요소는 무엇인가요?(정답을 모두 고르세요)

　□ 가. 문장의 일부를 인용해서 저자의 의도와는 다르게 마음대로 사용한다.

　□ 나. 분명해야 한다.

　□ 다. 무조건 새로운 것이 좋은 것이다.

　□ 라. 간단명료하면서도 요점이 뚜렷해야 한다.

　□ 마. 중요한 것은 피하고 필요없는 것을 고른다.

　□ 바. 일관성을 유지한다.

CHAPTER 3

02 위 문제의 결과에 맞춰 의제를 정하면 어떤 좋은 점이 있나요?

☐ 가. 글의 작성시간을 쉽게 알려준다.

☐ 나. 글의 집필배경을 쉽게 이해하게 해준다.

☐ 다. 글의 출처를 쉽게 알려준다.

☐ 라. 글의 관점을 쉽게 이해하게 해준다.

03 좋은 의제를 가진 글의 최종적인 목적은 무엇인가요?

☐ 가. 독자의 직업과 환경을 바꾸는 것이다.

☐ 나. 독자의 가족과 친구를 바꾸는 것이다.

☐ 다. 독자의 신념과 행위를 바꾸는 것이다.

☐ 라. 독자의 외모와 성격을 바꾸는 것이다.

04 '실업률을 낮추려면 어떻게 해야 하나요?'와 다른 의제를 찾으세요.

☐ 가. 실업은 심각합니다. 우리는 어떻게 취업률을 높일 수 있나요?

☐ 나. 실업은 심각합니다. 우리는 어떻게 취업인구를 늘릴 수 있나요?

☐ 다. 실업은 심각합니다. 우리는 어떻게 실업인구를 줄일 수 있나요?

☐ 라. 실업은 심각합니다. 우리는 어떻게 실업보조금을 늘릴 수 있나요?

05 '실업보조금을 많이 제한해야 하는가?'와 다른 의제를 찾으세요.

☐ 가. 실업보조금을 많이 활성해야 하는가?

☐ 나. 실업보조금을 주지 말아야 하는가?

☐ 다. 실업보조금은 환경에 따라 조정해야 하는가?

☐ 라. 실업보조금은 실업문제를 해결하는가?

3 의제 찾기

의제를 찾을 때는 화자나 필자가 말하는 의견이 무엇인지 물어봐야 합니다. 글 안에서도 의제를 찾을 수 있어요. 연설의 의제나 신문, 잡지에 실린 글의 의제는 항상 말과 글의 첫머리, 결말처럼 잘 드러나는 곳에 위치합니다. 하지만 의제는 한 눈에 알아보지 못할 수도 있으므로 반드시 실마리를 잡아 이것저것 생각해봐야 합니다. 예를 들어서 화자나 필자의 말과 글이 당시 사회에서 화제인 것과 관계있는지 주의깊게 생각해야 합니다. 또 다른 방법으로 화자나 필자의 배경이 어디에 속하는지 따져봐야 합니다. 마지막으로 가장 확실한 방법은 결론이 무엇인지 찾는 것입니다. 결론을 찾기만 하면 의제는 자연스럽게 알 수 있기 때문입니다.

01 다음 중 의제를 찾는 데 도와주는 것은 무엇인가요?(정답을 모두 고르세요)

□ 가. 화자나 필자의 배경을 알아본다.

□ 나. 연설이나 논쟁의 주제를 분명히 안다.

□ 다. 결론이 무엇인지 확실히 찾는다.

□ 라. 화자나 필자의 의견을 물어본다.

□ 마. 근거가 무엇인지 확실히 찾는다.

□ 바. 글의 주제가 무엇인지 찾는다.

□ 사. 화자나 필자의 성격을 이해한다.

□ 아. 사회에서 화제인 것과 관계가 있는지 생각해본다.

02 글에서 찾은 의제는 어떠한 특징이 있나요?(정답을 모두 고르세요)

□ 가. 가장 드러나지 않는 곳에 위치한다.

□ 나. 문장의 첫머리에 나타난다.

□ 다. 문장의 중간부분에 나타난다.

□ 라. 문장의 결말 부분에 나타난다.

□ 마. 중요한 곳에 위치해 있다.

□ 바. 잘 드러나는 곳에 위치한다.

03 만약 '녹색평화'에 대한 글을 쓸 때 그 의제로 가장 적합한 것은 무엇인가요?

□ 가. 빈곤한 사람을 구제하자.

□ 나. 지구를 보호하자.

□ 다. 세계지리를 공부하자.

□ 라. 과학기술을 사용하자.

04 만약 '봉사활동'에 대한 글을 쓸 때 그 의제로 가장 적합한 것은 무엇인가요?

□ 가. 지구를 보호하자.

□ 나. 미국의 과학기술을 배우자.

□ 다. 빈곤한 사람을 구제하자.

□ 라. 세계지리를 공부하자.

05 '세계무역기구(WTO)에 가입하면 우리나라의 경제가 발전한다'라는 문장과 대립되는 의제를 찾으세요.

□ 가. 우리나라는 세계무역기구(WTO)에 가입해야 하는가?

□ 나. 세계무역기기구(WTO)는 세계경제를 발전시키는가?

□ 다. 우리나라는 언제 세계무역기구(WTO)에 가입해야 하는가?

□ 라. 세계무역기구(WTO)는 강대국들이 장악하고 있는 것은 아닌가?

06 '시험은 인재를 선발하기위한 가장 좋은 방법이다' 라는 문장과 관련된 의제를 찾으세요.

□ 가. 시험은 반드시 필요한 과정인가?

□ 나. 시험은 인재가 재능을 발휘하지 못하게 하는 것이 아닌가?

□ 다. 시험은 인재를 평가하는 가장 좋은 방법인가?

□ 라. 시험은 사회자원을 낭비하는 것이 아닌가?

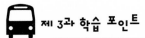 제 3과 학습 포인트

✓ 여러 글을 정확하게 평가하려면 반드시 상대방이 우리를 설득시킬 때 무엇을 믿고 있는지 알아야 한다.

✓ 의제란 연구나 토론, 의논 등을 통해 해결해야 할 문제 혹은 논쟁이다.

✓ 의제를 찾는 방법

❶ 화자나 필자에게 질문한다.

❷ 연설이나 논쟁의 주제를 확실히 한다.

❸ 신문, 잡지의 글의 주제를 찾는다.

❹ 당시 사회에서 화제인 것을 주의깊게 생각한다.

❺ 화자 혹은 필자의 배경을 이해한다.

❻ 글의 결론을 확실히 찾는다.

✓ 좋은 의제는 반드시 분명하고 간단명료하면서 요점이 뚜렷하고 일관성이 있어야 한다.

4 결론을 찾아보자

전문적인 지식을 쌓는 것보다 비판 사고와 비판 판단능력을 발전시키는 것을 가장 우선순위로
두어야 한다.

― 아인슈타인

상대방의 주장을 정확하게 파악하지 못하면 어떠한 평가도 내릴 수 없습니다. 상대방
이 전하고자 하는 요점을 찾는 것이 그 주장에 대해 찬성 또는 반대의 결정을 내리는
첫 걸음이 됩니다.

1 결론이란 무엇인가

어떤 글의 결론을 알려면 반드시 화자나 필자가 증명하려는 것이 무엇인지를 물
어봐야 해요. 이 물음의 답이 바로 '결론'입니다. 결론은 바로 화자나 필자의 의제
에 대한 답, 주장 및 입장인 것이죠. 결론은 일반적
으로 추리(reasoning)의 결과입니다. 그리고 주장
할 때는 반드시 그를 뒷받침하는 이유가 있어
야 합니다. 그렇지 않으면 주장한 것은 결론이
라고 할 수 없어요. 그저 자신의 의견을 말하는
것에 불과할 뿐이에요. 일단 결론을 찾았다면 그
주장을 수용할 것인지를 결정해야 해요.

01 다음 중 결론을 찾는 데 도움을 주는 것은 무엇인가요?

　□ 가. 화자나 필자가 활용하려는 것은 무엇인가?

　□ 나. 화자나 필자가 찾아내려는 것은 무엇인가?

　□ 다. 화자나 필자가 증명하려는 것은 무엇인가?

　□ 라. 화자나 필자가 설명하려는 것은 무엇인가?

02 결론은 의제에 대한 무엇인가요?

　□ 가. 답, 주장 및 입장

　□ 나. 평론, 실행 및 진술

　□ 다. 지도, 제시 및 신념

　□ 라. 해설, 판단 및 의견

03 결론은 다음 중 무엇의 결과인가요?

　□ 가. 발견

　□ 나. 검사

　□ 다. 분석

　□ 라. 추리

04 결론은 다음 중 무엇이 뒷받침되어야 하나요?

　□ 가. 의견에 대한 추리

　□ 나. 의견에 대한 반대

　□ 다. 의견에 대한 이유

　□ 라. 의견에 대한 비판

05 결론을 찾아낸 후 어떤 점을 따져 글을 평가해야 하나요?

(정답을 모두 고르세요)

□ 가. 찾아낸 결론이 충분한 이유를 가지고 있는가?

□ 나. 결론의 표현이 정확하고 그 내용을 확실히 알고 있는가?

□ 다. 결론의 표현이 예의를 갖췄는가?

□ 라. 화자나 필자가 유명한 사람인가?

□ 마. 결론이 의제에 대한 정확한 답인가?

□ 바. 추리방식이 믿을 만한가?

□ 사. 근거의 출처가 믿을 만한가?

□ 아. 화자나 필자가 고등교육을 받았는가?

2 좋은 결론이란 무엇인가

화자나 필자가 전달하려는 핵심내용이 결론입니다. 좋은 결론은 핵심내용을 두드러지게(또는 분명하게) 드러내서, 전달하려는 것을 다른 사람이 쉽게 알 수 있도록 해야 합니다. 다음으로 듣거나 읽는 사람이 쉽게 이해하도록 결론을 분명히 해야 해요. 마지막으로 화자나 필자가 내놓은 결론은 의제와 직접적인 관계여야 합니다.

01 좋은 결론이 갖추어야 할 요소는 무엇인가요?(정답을 모두 고르세요)

□ 가. 너무 어려워서 이해하기 어려워야 한다.

□ 나. 핵심내용을 두드러지게 드러내야 한다.

□ 다. 정확하고 쉽게 이해할 수 있어야 한다.

□ 라. 의제와 직접적인 관계를 가져야 한다.

□ 바. 중요한 내용보다는 부수적인 내용으로 구성해야 한다.

02 듣거나 읽는 사람에게 좋은 결론이란 무엇인가요?

　□ 가. 쉽게 찾아내고 분석할 수 있는 결론

　□ 나. 쉽게 찾아내고 검사할 수 있는 결론

　□ 다. 쉽게 찾아내고 연구할 수 있는 결론

　□ 라. 쉽게 찾아내고 이해할 수 있는 결론

03 '애완동물을 기르면 행복과 즐거움을 느낄 수 있는가'와 직접적인 관계를 가진 결론을 찾으세요.

　□ 가. 애완동물을 기르는 사람의 수명은 평균 10년이 더 길다.

　□ 나. 애완동물을 기르는 사람의 가정은 학구열이 뜨겁다.

　□ 다. 애완동물을 기르는 사람의 지출은 매월 12만 원 늘어난다.

　□ 라. 애완동물을 기르는 사람의 생활은 매우 즐겁다.

3 결론 찾아내기

결론을 찾으려면 다음과 같은 방법을 따라야 합니다.

❶ 의제가 무엇인지 정확하게 파악하라.

결론은 항상 의제로 인해 생기는 것입니다. 따라서 의제가 무엇인지 잘 알아야 결론을 찾는 데 도움이 됩니다.

❷ 결론이 나올 수 있는 부분을 주의하라.

글의 처음과 끝 부분을 주의해야 합니다.

❸ 글의 본문에서 결론을 나타내는 제시어를 찾아라.

결론 앞에는 보통 특정한 어휘가 있어요. 이것으로 결론이 어디 있는지 파악하세요. 예를 들어 '그래서' 또는 '그러므로'가 중요한 열쇠를 쥐고 있습니다.

❹ 화자나 필자의 배경을 파악하라.

화자나 필자는 의제에 대해 고정된 입장이므로 이를 파악한다면 결론을 묻지 않아도 쉽게 찾아낼 수 있어요.

01 다음 중 결론을 찾는 데 도움이 되는 것은 무엇인가요?(정답을 모두 고르세요)

☐ 가. 결론을 나타내는 제시어를 찾는다.

☐ 나. 사고에 관한 책을 많이 읽는다.

☐ 다. 결론이 나올 수 있는 부분에 주의한다.

☐ 라. 당시 사회의 화제에 주의한다.

☐ 마. 화자나 필자의 배경을 파악한다.

☐ 바. 의제가 무엇인지 확실히 파악한다.

☐ 사. 화자나 필자의 성격을 파악한다.

☐ 아. 이유가 무엇인지 확실히 파악한다.

02 글의 첫 부분에 결론이 나타나는 이유는 무엇일까요?

☐ 가. 중요한 것은 피하고 부수적인 것들로 구성해서 입장을 밝힐 수 있기 때문이다.

☐ 나. 처음에 결론이 나오면 시간이 단축되기 때문이다.

☐ 다. 단도직입적으로 입장을 표명할 수 있기 때문이다.

☐ 라. 아주 익숙하여 일을 쉽게 처리하듯 입장을 표명할 수 있기 때문이다.

03 글의 끝 부분에 결론이 나타나는 이유는 무엇인가요?

☐ 가. 이유를 먼저 열거하고 글의 끝 부분에 결론을 도출하기 때문이다.

☐ 나. 결론을 앞에 두면 어색하여 글의 끝 부분에서 결론을 도출하기 때문이다.

☐ 다. 오류를 먼저 열거하고 글의 끝 부분에 결론을 도출하기 때문이다.

☐ 라. 많은 사람들이 글의 끝 부분에 결론을 도출하기 때문이다.

04 다음 중 결론의 제시어라 할 수 있는 것을 고르세요. (정답을 모두 고르세요)

☐ 가. 명백히 알 수 있건데

☐ 나. 추리하건데

☐ 다. 간단히 말해서

☐ 라. 가장 분명하게 말하자면

☐ 마. 사건의 진상은

☐ 바. 분명한 것은

☐ 사. 여기서 알 수 있는 것은

☐ 아. 증명하는 바는

☐ 자. 내가 생각하기로

☐ 차. 우리가 믿어 의심치 않는 것은

05 만약 '지구는 우리의 친구'라는 글을 쓸 때 결론이 될 수 있는 것은 무엇인가요?

☐ 가. 세계무역기구에 가입하는 것을 찬성한다.

☐ 나. 더 많은 천연자원을 개발해야 한다.

☐ 다. 더 많은 선진기술을 사용해야 한다.

☐ 라. 지구의 천연자원을 보호해야 한다.

4 연습 : 다음에 제시된 문장들로 결론을 도출하세요.

01 대다수의 홀어머니들은 아이를 돌보면서도 일을 해서 돈을 벌어야 한다. 빈곤가정의 60% 이상이 홀어머니 가정이다.

☐ 가. 가정의 수가 급속도로 늘어나는 것이 빈곤을 일으키는 이유다.

☐ 나. 부모님의 이혼이 빈곤을 일으키는 이유다.

☐ 다. 부모님이 모두 계신 가정이 빈곤을 일으키는 이유다.

☐ 라. 아이가 있는 가정이 빈곤을 일으키는 이유다.

02 A : 공부를 많이 했는데 왜 시험 성적이 나쁠까요?

　　B : 이번 시험은 제 능력을 제대로 발휘할 수 없었던 시험이에요.

　　☐ 가. 복습은 성적에 영향을 미친다.

　　☐ 나. 이번 시험이 공평하지 못했다.

　　☐ 다. 성적이 나쁜 것은 노력하지 않음을 의미한다.

　　☐ 라. 복습한다고 반드시 좋은 성적을 얻는 것은 아니다.

03 실업보조금 정책을 중지해야 합니다. 이미 실업인구는 한계를 넘었고 현재의 경제 역시 엄청난 실업인구를 감당할 수 없기 때문입니다.

　　☐ 가. 현재의 경제는 실업인구를 감당할 수 있다.

　　☐ 나. 실업보조금은 실업자에게만 지급되어야 한다.

　　☐ 다. 실업보조금정책을 없애야 한다.

　　☐ 라. 실업보조금을 지급하면 실업인구를 증가시킬 수 있다.

04 모든 부모는 자녀가 성공하기를 바란다. 그런 의미에서 교육이 빈곤에서 벗어나는 가장 좋은 방법이기 때문에 정부는 반드시 교육분야의 재정예산을 늘려야 한다.

　　☐ 가. 부모는 반드시 정부의 재정보조금 없이 자녀를 교육해야 한다.

　　☐ 나. 부모는 반드시 정부의 지원으로 자녀를 교육해야 한다.

　　☐ 다. 정부는 부모를 대신하여 자녀가 좋은 교육을 받을 수 있도록 하면 안 된다.

　　☐ 라. 정부는 반드시 교육분야에 많은 자원을 투자해야 한다.

05 도로의 운행차량은 보행자의 안전을 위협하고 환경을 오염시킬 수 있다. 그러므로 운전자의 편리만 생각해서 모두의 행복을 침해하면 안 된다.

　　☐ 가. 공기오염을 줄여야 한다.

　　☐ 나. 보행자의 안전을 더욱 신경 써야 한다.

　　☐ 다. 차량을 줄이면 줄일수록 좋다.

　　☐ 라. 모두의 행복을 침해하면 안 된다.

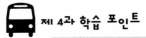 제 4과 학습 포인트

✓ 결론은 바로 화자와 필자의 의제에 대한 답, 주장 그리고 입장이다.

✓ 결론을 뒷받침하는 이유를 반드시 찾아야 한다.

✓ 결론은 두드러지게 잘 보이는 곳에 배치하여 정확하고 쉽게 이해할 수 있도록 해야 한다.

✓ 결론을 찾는 방법

❶ 의제가 무엇인지 정확하게 파악하라.

❷ 결론이 나올 수 있는 부분을 주의하라.

❸ 글의 본문에서 결론을 나타내는 제시어를 찾아라.

❹ 화자나 필자의 배경을 파악하라.

5 이유를 찾아보자

진리는 마치 깨진 거울조각과 같다. 사람들은 깨진 조각을 모은 것이 진리의 전부라고 여기며 소중히 보관한다.

1 이유란 무엇인가

이유(Reason)란 하나의 신념이며 근거로서 결론을 뒷받침합니다. 간단히 말해 이유는 어떠한 결론을 왜 믿어야 하는지를 설명하거나 근거를 설명하는 것입니다. 어떤 사람이 친구에게 전학해야 한다고 충고했어요. 그러면 충고를 받은 친구는 상대방에게 그 이유를 설명해달라고 할 것입니다. 이처럼 이유를 찾는 것은 비판 사고의 가장 중요한 부분이라고 할 수 있어요. 다른 사람의 의견을 수용할지를 결정하는 데 있어 핵심이 화자나 필자가 충분한 이유로 결론을 뒷받침 하는지를 따져보기 때문입니다.

01 화자나 필자가 다른 사람의 동의를 얻으려면 어떻게 해야 하나요?

(정답을 모두 고르세요)

☐ 가. 다른 사람이 인정하지 않는 새로운 의미가 있어야 한다.

☐ 나. 유명인의 말을 따라 해야 한다.

☐ 다. 합리적인 설명을 해야 한다.

☐ 라. 다른 사람의 의견을 먼저 물어봐야 한다.

☐ 마. 다른 사람과 나누어서 일해야 한다.

☐ 바. 충분한 이유가 있어야 한다.

02 이유의 역할은 무엇인가요?

☐ 가. 결론을 뒷받침한다.

☐ 나. 결론을 부정한다.

☐ 다. 결론을 조정한다.

☐ 라. 결론을 반영한다.

03 이유와 결론은 어떤 관계인가요?

☐ 가. 이유와 결론은 아무런 관계가 없다.

☐ 나. 이유가 있으면 결론은 필요 없다.

☐ 다. 결론이 먼저 있고 그 후에 이유가 있다.

☐ 라. 결론을 왜 믿어야 하는지 이유가 설명한다.

04 다음 중 비판 사고에서 가장 중요한 단계는 무엇인가요?

☐ 가. 모든 사람들이 이해하는 결론을 낸다.

☐ 나. 자신만 알 수 있는 의제를 찾는다.

☐ 다. 각종 근거와 이유를 수집하고 확보한다.

☐ 라. 다양한 의제로 글을 화려하게 쓴다.

05 다음 중 많은 사람의 지지를 받을 수 있는 경우는 무엇인가요?

☐ 가. 적합한 이유가 있다.

☐ 나. 적합한 결론이 있다.

☐ 다. 적합한 의제가 있다.

☐ 라. 적합한 관점이 있다.

06 만약 여러분이 다른 사람에게 전학을 가라고 설득하고 싶다면 다음 중 어떤 것에 대해 설명하면 될까요?(정답을 모두 고르세요)

☐ 가. 더 참신한 교사

　□나. 더 넓은 운동장

　□다. 실력 있는 교사

　□라. 예쁜 교복

　□마. 우수한 커리큘럼

　□바. 예쁜 학교 배지

2 충분한 이유란 무엇인가

충분한 이유는 반드시 다음과 같은 조건을 갖춰야 합니다.

❶ 이유는 반드시 진실이어야 한다.

진실에는 이미 조사되어 증명이 된 상식과 사실, 보자마자 알 수 있는 간단한 사실을 포함합니다. 예를 들어 사고가 난 자동차를 들 수 있어요.

❷ 반드시 이유로부터 결론을 도출해야 한다.

이것은 '논리추리'에서 활용하는 방법입니다. 증명되거나 실행하고 있는 진실한 이유를 추리방법으로 결론의 진실성을 판단하는 것입니다. 예를 들어 과학자가 히말라야 산맥에 있는 해양생물화석으로 해양생물이 오래전에 수몰되었다고 판단하는 것을 들 수 있습니다.

충분한 이유의 두 가지 요건을 충족시키고 이러한 이유를 일목요연하게 잘 표현해야만 사람들을 설득시킬 수 있습니다.

01 충분한 이유가 갖춰야 할 조건은 무엇인가요?(정답을 모두 고르세요)

　□가. 이유로 결론을 도출할 수 있는가?

　□나. 결론으로 이유를 도출할 수 있는가?

　□다. 이유로 사실을 도출할 수 있는가?

　□라. 이유는 반드시 쉽게 이해되어야 한다.

　□마. 이유는 반드시 뚜렷해야 한다.

　□바. 이유는 반드시 사실이어야 한다.

02 다음 중 믿을 만한 사실은 무엇인가요?(정답을 모두 고르세요)

  □ 가. 근거 없는 소문

  □ 나. 정부가 발표한 성명

  □ 다. 친구와의 대화

  □ 라. 과학적 검증

03 범수가 윤호의 책가방을 훔쳤다고 증명할 수 있는 이유는 무엇인가요?

  □ 가. 범수의 책가방과 윤호의 책가방이 완전히 똑같은 모양이다.

  □ 나. 범수는 이전에 다른 사람의 책가방을 훔친 적이 있다.

  □ 다. 범수의 책가방 안에 다른 학생들의 책이 숨겨져 있다.

  □ 라. 범수의 책가방 윗면에 윤호가 직접 쓴 반과 이름이 적혀져 있다.

04 충분한 이유를 가진 이야기와 글은 어떤 작용을 하나요?

  □ 가. 다른 사람을 존경하게 된다.

  □ 나. 다른 사람을 의심하게 된다.

  □ 다. 다른 사람을 설득시킬 수 있다.

  □ 라. 다른 사람을 낮게 평가하게 된다.

05 이유는 어떻게 표현해야 하나요?

  □ 가. 거침없이 일관되게 표현한다.

  □ 나. 한 번에 끝낼 것처럼 표현한다.

  □ 다. 일목요연하게 표현한다.

  □ 라. 대충 표현한다.

06 글을 쓰거나 말을 할 때 다른 사람의 인정을 받지 못했다면 어떤 실수를 했기 때문일까요?(정답을 모두 고르세요)

　□ 가. 이유가 과장되었기 때문이다.

　□ 나. 이유가 결론을 도출하지 못했기 때문이다.

　□ 다. 이유가 없기 때문이다.

　□ 라. 이유가 드러나지 않고 숨어 있기 때문이다.

　□ 마. 관련 없는 이유를 제시했기 때문이다.

　□ 바. 이유가 거짓이기 때문이다.

3 이유 확인하기

　왜 사람들은 글에 대해 동의하거나 지지할까요? 이 문제의 답을 찾으려면 반드시 질문하는 태도로 글을 대해야 합니다. 그리고 자신을 화자나 필자라 생각하고 입장을 바꾸어 상대방의 입장에서 질문해야 합니다. 다시 말해 '내가 이 결론을 지지하는 이유는 무엇인가'라고 생각하는 거죠. 또 참신한 이유가 있다면 열린 마음으로 대해야 합니다. 이미 굳어버린 믿음은 우리가 새로운 사물을 받아들이거나 분석하는 것을 방해할 수 있고 우리의 성장을 제한할 수 있기 때문입니다.

01 이유를 어떻게 확인할 수 있나요?(정답을 모두 고르세요)

　□ 가. 질문하는 태도로 사건을 대해야 한다.

　□ 나. 반박하는 태도로 사건을 대해야 한다.

　□ 다. 입장을 바꾸어 상대의 입장에서 생각해야 한다.

　□ 라. 입장을 바꾸어 모두의 입장에서 의심해야 한다.

　□ 마. 열린 마음으로 참신한 이유를 대해야 한다.

　□ 바. 열린 마음으로 오래된 이유를 대해야 한다.

02 이유를 확인하려면 자신에게 어떤 질문을 해야 하나요?

☐ 가. 내가 이 결론을 의심하는 이유는 무엇인가?

☐ 나. 내가 이 결론을 지지하는 이유는 무엇인가?

☐ 다. 내가 이 결론을 수정하는 이유는 무엇인가?

☐ 라. 내가 이 결론을 반대하는 이유는 무엇인가?

03 이미 굳어버린 믿음은 어떠한 영향을 미치나요?(정답을 모두 고르세요)

☐ 가. 새로운 사물을 받아들이는 것을 방해한다.

☐ 나. 어떠한 일을 처리할 때 더욱 새로운 마음을 가지게 한다.

☐ 다. 결론을 빨리 이끌어내도록 한다.

☐ 라. 자신의 성장을 제한한다.

☐ 마. 사건을 객관적으로 분석할 수 없게 된다.

☐ 바. 새로운 이유를 받아들게 한다.

4 이유 찾기

다음 방법은 이유를 빠르게 찾도록 도와줍니다.

❶ 이유를 나타낸 표시어(reason indicators)를 찾아라.

일반적으로 일부 단어나 어휘는 이유가 곧 나올 것을 알려줍니다. '~ 때문에', '왜냐하면', '~에 근거하여' 처럼 말이죠.

❷ 결론을 나타낸 표시어(conclusion indicators)를 찾아라.

모든 글이 이유를 나타낸 표시어를 가지고 있는 것은 아닙니다. 이때는 결론을 나타낸 표시어의 도움을 받아야 합니다. 일반적으로 결론을 나타내는 표시어의 앞 문장이 이유를 나타냅니다.

01 다음 중 이유를 나타낸 표시어는 무엇인가요?(정답을 모두 고르세요)

☐ 가. ～에 비추어 보아

☐ 나. 이러한 사실이 보여주듯이

☐ 다. 제가 생각하기에는

☐ 라. ～에 기초하여

☐ 마. 이 근거로 알 수 있는 것은

☐ 바. 연구를 통해 알게 된 것은

☐ 사. 상상해보면

☐ 아. 왜냐하면

02 결론을 나타낸 표시어로 어떻게 이유를 찾아낼 수 있나요?

☐ 가. 이유는 항상 결론 표시어 안에 있다.

☐ 나. 이유는 항상 결론 표시어 뒤에 있다.

☐ 다. 이유는 항상 결론 표시어 앞에 있다.

☐ 라. 이유는 항상 결론 표시어 근처에 있다.

 제 5과 학습 포인트

> ✓ 이유란 하나의 신념이며 근거, 진술로 결론을 뒷받침한다.
>
> ✓ 충분한 이유가 갖추어야 할 조건
>
> ❶ 이유는 반드시 진실이어야 한다.
>
> ❷ 반드시 이유로부터 결론을 도출해야 한다.
>
> ✓ 이유 찾기 방법
>
> ❶ 이유를 나타낸 표시어(reason indicators)를 찾아라.
>
> ❷ 결론을 나타낸 표시어(conclusion indicators)를 찾아라.

이유의 종류를 알아보자

정확하게 진리를 알려면 먼저 진리에 대해 의문을 가져야 하고 논쟁해야 한다.

모든 중요한 일은 자신의 관점과 신념을 뒷받침하는 충분한 이유가 있어야 합니다. 또 이성적인 태도로 의견과 주장을 올바르게 평가하고 선택해야 하고요. 이것은 현대인이 꼭 갖춰야 할 것들 중 하나이며 문명사회로 진보하는 중요한 요건입니다.

1 이유의 종류

이유의 종류는 아주 많으며 의제의 유형에 따라 결정됩니다. 일반적으로 이유는 '근거'의 진술입니다. 그리고 근거는 자신이 사실이라고 여기는 사건의 정보를 증명하며 다른 사람을 설득시키는 이유가 됩니다. 간단히 말해 만일 A가 B의 정확성을 충분히 증명할 수 있다면 A는 B의 근거가 됩니다. 이러한 근거로는 통계수치, 심리테스트, 연구결과, 권위적인 판단, 증인 등이 있어요. 자신의 관점이 정확하고 흠이 없는 것을 증명하려면 화자나 필자는 많은 근거를 사용해야 합니다. 그러나 아쉬운 것은 세상의 모든 것을 포함하는 근거는 존재하지 않아요. 또 어떤 상황에서 어떤 근거가 더 적합한지 판단하는 문제는 사람들의 배경지식, 문화, 전통, 습관 등의 영향을 받습니다.

01 근거는 어떠한 용도로 쓰이나요?

    □ 가. 사건의 유효성을 증명한다.

    □ 나. 사건의 절박성을 증명한다.

    □ 다. 사건의 중요성을 증명한다.

    □ 라. 사건의 정확성을 증명한다.

02 다음 중 근거의 특징은 무엇인가요?(정답을 모두 고르세요)

    □ 가. 어떤 이유를 뒷받침한다.

    □ 나. 다른 사람을 설득시킨다.

    □ 다. 의제에 따라 변한다.

    □ 라. 절대적으로 정확한 근거는 없다.

    □ 마. 다양한 유형이 있다.

    □ 바. 절대적으로 정확한 규칙이 없다.

    □ 사. 근거는 쉽게 결론과 뒤섞일 수 있다.

    □ 아. 근거의 사용에 있어서 많은 요소의 영향을 받는다.

03 다음 중 근거라고 볼 수 있는 것은 무엇인가요?

    □ 가. 전설

    □ 나. 증인

    □ 다. 통계수치

    □ 라. 전문가의 판단

    □ 마. 전래동화

    □ 바. 연구결과

    □ 사. 개인의 경험

    □ 아. 심리테스트

04 근거의 선택은 어떤 인위적 영향을 받나요?(정답을 모두 고르세요)

☐ 가. 전통

☐ 나. 성별

☐ 다. 지식

☐ 라. 습관

☐ 마. 외모

☐ 바. 문화

05 A라는 도시에 살아야 하는 이유를 골라보세요. (정답을 모두 고르세요)

☐ 가. 시장이 청렴결백하다.

☐ 나. 사람들이 정이 많다.

☐ 다. 교통이 편리하다.

☐ 라. 공기가 깨끗하고 신선하다.

☐ 마. 종교의 자유가 있다.

☐ 바. 기후가 적당하다.

☐ 사. 경치가 아름답다.

☐ 아. 물건이 저렴하다.

☐ 자. 정보가 발달되었다.

☐ 차. 문화가 다양하다.

2 이유와 결론 분명히 하기

일반적으로 화자나 필자의 글에서 대부분의 문장은 이유를 설명하고 있습니다. 어떤 경우에는 많은 이유가 하나의 결론을 뒷받침하고, 각각의 이유에는 그 근거가 되는 이유가 있기도 해요. 또는 여러 결론을 이끌어내기도 합니다. 하지만 실제로 모든 글과 말이 분명한 이치와 정확한 구조를 가진 것은 아니에요. 여기서는 다음 방법으로 이유와 결론의 관계를 구분해봅시다.

❶ 결론을 나타내는 표시어에 동그라미를 그려라.

❷ 여러 색상의 색연필이나 부호로 이유와 결론을 표시해라.

❸ 필요하다면 숫자로 이유와 결론을 대표할 수 있다.

❹ 이유와 결론의 관계구조 그림을 그려라.

(화살표로 이유가 결론을 뒷받침하고 있는 관계를 표시하고 이유와 이유의 관계를 표시합니다.)

위의 방법으로 글을 쉽게 이해하고 분석할 수 있어요.

01 한 편의 글에서 나타날 수 있는 정상적인 구조는 무엇인가요?

(정답을 모두 고르세요)

☐ 가. 하나의 이유가 하나의 결론을 도출한다.

☐ 나. 여러 개의 이유가 하나의 결론을 도출한다.

☐ 다. 하나의 이유가 여러 개의 결론을 도출한다.

☐ 라. 여러 개의 이유가 여러 개의 결론을 도출한다.

☐ 마. 하나의 이유 안에 그 근거의 이유를 가진다.

☐ 바. 이유를 제시했지만 아무런 결론도 도출하지 못했다.

☐ 사. 이유가 없어도 결론을 도출할 수 있다.

☐ 아. 어떠한 이유도 없고 어떠한 결론도 없다.

02 글의 구조를 쉽게 분석하고 이해할 수 있는 방법은 무엇인가요?

☐ 가. 낭독하기

☐ 나. 삭제하기

☐ 다. 구분하기

☐ 라. 그림으로 그려 나타내기

03 위 그림에서 결론을 나타내는 숫자는 무엇인가요?

　　□ 가. 1

　　□ 나. 2

　　□ 다. 3

　　□ 라. 4

04 위 그림을 글로 나타낼 때 어떤 유형의 구조가 될까요?

　　□ 가. 하나의 이유가 하나의 결론을 도출한다.

　　□ 나. 여러 개의 이유가 하나의 결론을 도출한다.

　　□ 다. 하나의 이유가 여러 개의 결론을 도출한다.

　　□ 라. 여러 개의 이유가 여러 개의 결론을 도출한다.

05 위 그림에서 두 개의 숫자가 하나의 이유가 되어 다른 이유를 뒷받침해주고 설명해주는 것은 무엇인가요?

　　□ 가. 1과 2

　　□ 나. 2와 3

　　□ 다. 3과 4

　　□ 라. 4와 1

3 연습 : 다음을 읽고 의제, 결론, 이유를 찾아내세요.

　사람은 스스로 생명을 끊을 권리가 없다고 생각합니다. 예를 들어 한 사람이 식물인간이 되었다고 합시다. 그 사람은 자신만을 위해 사는 것이 아니므로 자신의 생명을 끊으려고 할 때 반드시 그의 가족과 친구가 얼마나 슬퍼할 것인지를 생각해야 합니다. 자신과 현재의 상황이 가족에게 부담된다고 생각한다면 다른 방법을 이용할 수도 있어요. 다른 사람이 자신을 도와서 문제를 해결하는 것처럼 말이죠.

01 이 글의 의제는 무엇인가요?

　　☐ 가. 가족을 슬프게 만드는 것을 허락해도 좋은가?

　　☐ 나. 안락사를 허용해야 하는가?

　　☐ 다. 자살을 허용해야 하는가?

　　☐ 라. 전신마비를 허용해야 하는가?

02 이 글의 결론은 무엇인가요?

　　☐ 가. 경우에 따라 안락사를 허용해도 된다.

　　☐ 나. 식물인간은 가족에게 부담을 준다.

　　☐ 다. 가족들을 슬프게 해서는 안 된다.

　　☐ 라. 어떠한 사람도 자신의 생명을 끊을 수 있는 권리는 없다.

03 이 글의 이유는 무엇인가요?(정답을 모두 고르세요)

　　☐ 가. 이러한 행위는 가족이나 친구를 상심시킬 수 있다.

　　☐ 나. 식물인간은 가족에게 부담을 준다.

　　☐ 다. 한 사람은 자신만을 위해 사는 것이 아니다.

　　☐ 라. 누구나 자신의 생명을 끊을 수 있는 권리가 있다.

　　☐ 마. 자신의 생명은 자신에게 속한 것이 아니다.

　　☐ 바. 다양한 방법으로 문제를 해결해야 한다.

　　보수적인 부모들의 대부분은 아들이 대를 잇기를 바랍니다. 만약 남녀의 성별을 선택할 수 있다면 결국 남성인구가 여성인구보다 많아져서 심각한 사회문제가 될 것입니다. 그러므로 자녀의 성별을 선택하는 기술의 사용은 반드시 금지시켜야 합니다.

04 이 글의 의제는 무엇인가요?

　　□ 가. 부모의 대를 잇는 것을 금지해야 한다.

　　□ 나. 자녀성별을 결정하는 기술의 사용을 금지해야 한다.

　　□ 다. 자녀가 대를 잇는 것을 금지해야 한다.

　　□ 라. 아들이 대를 잇는 것을 금지해야 한다.

05 이 글을 쓴 이유는 무엇인가요?

　　□ 가. 남성의 인구가 여성보다 많다.

　　□ 나. 부모는 아들이 대를 잇기를 바란다.

　　□ 다. 자녀성별을 결정하는 기술은 법률을 위반한 것이다.

　　□ 라. 심각한 사회문제가 될 수 있다.

06 위의 이유를 설명하는 것은 무엇인가요?

　　□ 가. 남성인구가 여성인구보다 더 많다.

　　□ 나. 사회문제가 되지 않는다.

　　□ 다. 부모들은 아들이 대를 잇기를 바란다.

　　□ 라. 부모들은 자녀의 성별을 선택하기를 원한다.

🚌 제 6과 학습 포인트

> ✓ 이유의 종류는 많다.
>
> ✓ 이유는 '근거'의 진술이다.
>
> ✓ 세상에 근거를 규정하는 법칙은 없다.
>
> ✓ 근거를 선택할 때 많은 요인의 영향을 받는다.
>
> ✓ 한 편의 글에서 결론은 다양할 수 있다.
>
> ✓ 그림을 그리면 이유와 결론의 관계를 잘 구분할 수 있다.

핵심단어를 찾아보자

사실에 충실해야만 진리에도 충실할 수 있다.

글의 의제와 이유를 확인한 다음에는 중요한 단어(핵심단어)의 진정한 의미를 따져봐야 합니다. 상대방이 쓴 단어의 의미를 잘못 이해하면 글의 내용이 앞뒤가 맞지 않거나 동문서답하는 결과가 나올 수도 있기 때문입니다.

1 단어정리란 무엇인가

기본적으로 결론과 이유는 문자로 구성됩니다. 하지만 우리가 쓰는 문자는 상당히 복잡하고 뜻이 모호해요. 그래서 의미를 정확하고 자세하게 전달하지 못하는 경우가 발생합니다. 대부분의 단어는 하나 또는 그 이상의 의미를 가지고 있어요. 또 표현하는 범위도 분명하지 못합니다. 같은 단어라도 사람마다 다른 의미로 해석할 수 있고 단어의 용법이 그때그때 달라서 의미가 변하기도 해요. 화자나 필자의 의견을 정확하게 평가하려면 반드시 그 의제, 결론 그리고 이유의 진정한 의미를 정확히 알아야 합니다. 그렇지 않으면 상대방이 무엇을 얘기하려는지 모르게 됩니다.

01 글에서 무엇을 이해해야 정확한 평가를 내릴 수 있나요?(정답을 모두 고르세요)

☐ 가. 서문

☐ 나. 목차

☐ 다. 이유

☐ 라. 결론

☐ 마. 의제

☐ 바. 숫자

☐ 사. 연습

☐ 아. 범례

02 화자나 필자가 말하는 진정한 의미를 제대로 이해하지 못하게 하는 문자의 단점은 무엇인가요?(정답을 모두 고르세요)

☐ 가. 복잡하다.

☐ 나. 분명하지 못하다.

☐ 다. 표현이 멋지다.

☐ 라. 사람들에게 칭찬을 받는다.

☐ 마. 모호하다.

☐ 바. 정확하지 못하다.

03 위 문제의 단점을 만드는 것은 무엇인가요?

(정답을 모두 고르세요)

☐ 가. 다른 단어에 대해서 사람마다 다른 의미로 해석한다.

☐ 나. '부유하다' 처럼 단어는 명확한 표현의 범위가 없다.

☐ 다. 같은 단어에 대해서 사람마다 다른 의미로 해석한다.

☐ 라. 단어의 용법은 그때그때 달라서 의미가 달라지기도 한다.

☐ 마. 대부분의 사람들은 문자를 이해하는 능력이 없다.

☐ 바. 대부분의 단어는 하나 또는 그 이상의 의미를 가지고 있다.

04 화자나 필자의 의미를 잘못 이해하면 어떤 상황이 일어날 수 있나요?

(정답을 모두 고르세요)

☐ 가. 서로 이해한다.

☐ 나. 서로 협동한다.

☐ 다. 서로 오해한다.

☐ 라. 서로 논쟁한다.

☐ 마. 서로 기만한다.

☐ 바. 내용을 혼동한다.

05 '만약 네가 다음 주 화요일 영어시험에서 좋은 성적을 거둔다면 수상공원에 데리고 갈게'라는 문장에서 의미가 혼동될 수 있는 것은 무엇인가요?

☐ 가. 다음 주 화요일

☐ 나. 영어시험

☐ 다. 좋은 성적

☐ 라. 수상공원

06 '내가 부자가 되면 차도 사고, 200평 크기의 별장도 사고 세계를 여행할거야'라는 문장에서 그 의미가 혼동될 수 있는 것은 무엇인가요?

☐ 가. 부자

☐ 나. 차

☐ 다. 2천 피트 크기의 별장

☐ 라. 세계여행

2 핵심단어 확실히 하기

핵심단어는 이유와 결론에 영향을 줄 수 있는 단어이므로 사용에 주의해야 합니다. 애매모호한 핵심단어를 찾기 위한 첫 번째 방법은 의제를 실마리로 삼는 것입니다. 의제에서 명확하지 못하고 쉽게 혼동을 줄 수 있는 단어를 찾으면 됩니다. 두

번째 방법으로 이유와 결론에서 찾아내는 것입니다. 여기서는 결정에 가장 영향을 주는 단어를 찾으면 됩니다. 참고로 기본적인 추리 구조에 포함되지 않는 단어는 신경 쓰지 않아도 됩니다. 마지막으로 추상적인 단어에 주의해야 합니다. 이는 많은 의미를 가지는 단어로 반드시 화자나 필자가 전하려는 명확한 정의를 알아야 합니다.

01 핵심단어란 무엇인가요?

    ☐ 가. 의제와 이유에 영향을 주는 단어

    ☐ 나. 이유와 결론에 영향을 주는 단어

    ☐ 다. 이유와 의제에 영향을 주는 단어

    ☐ 라. 의제와 결론에 영향을 주는 단어

02 다음의 의제 중 명확한 의미를 가지고 있지 않은 것은 무엇인가요?

(정답을 모두 고르세요)

    ☐ 가. 정부는 모든 사람에게 신성한 자유를 주어야 합니까?

    ☐ 나. 학교는 매년 시험횟수를 늘려야 합니까?

    ☐ 다. 정부는 대학의 정원을 늘리는 것을 허가해야 합니까?

    ☐ 라. 정부는 실업보조금 정책을 없애야 합니까?

    ☐ 마. 한국은 세계무역기구에 가입해야 합니까?

    ☐ 바. 정부는 대학보조금을 늘려야 합니까?

    ☐ 사. TV의 폭력장면으로 문제아동이 생깁니까?

    ☐ 아. 불건전한 책의 출판을 금지해야 합니까?

03 이유와 결론에서 핵심단어를 어떻게 찾을 수 있나요?

　□ 가. 자신의 결정에 가장 영향을 주는 단어를 찾는다.

　□ 나. 다른 사람의 결정에 가장 영향을 주지 않는 단어를 찾는다.

　□ 다. 의제에서 사용된 단어를 찾는다.

　□ 라. 뜻이 명확하지 않은 단어를 찾는다.

04 명확하지 않은 핵심단어를 처리하는 가장 좋은 방법은 무엇인가요?

　□ 가. 사전에서 그 정의를 찾는다.

　□ 나. 관련된 전문가를 찾아가 묻는다.

　□ 다. 화자나 필자가 전하려는 것을 명확하게 해석한다.

　□ 라. 자신의 지식에 의지해서 정리한다.

05 다음 중 명확하지 않거나 쉽게 의미가 혼동될 수 있는 것은 무엇인가요?

　(정답을 모두 고르세요)

　□ 가. 빈곤하다.

　□ 나. 좋은 사람이다.

　□ 다. 평등하다.

　□ 라. 나쁜 사람이다.

　□ 마. 좋지 않다.

　□ 바. 낮게 평가하다.

　□ 사. 남성이다.

　□ 아. 총명하다.

3 명확하지 않은 부분 확실히 하기

　글의 핵심단어를 정리하는 것은 매우 중요해요. 예를 들어 온실효과가 무슨 뜻인지 모른다면 자신이 무엇을 평가해야 하는지조차 알 수 없습니다. 그러므로 핵심단어를 명확하게 한 후에 반드시 화자나 필자가 말하고자 하는 의미는 무엇인지를 질문해야 합니다. 명확하게 이해하지 못한 단어가 있으면 두 가지 이상의 서로 다른 의미로 단어를 이해할 수 있어요. 단어의 사용범위가 명확하지 못하거나 평소 사용되는 방법과 다르게 사용된다면 화자나 필자에게 단어의 진정한 의미를 물어야 합니다. 실제로 많은 광고에서 쓰이는 애매모호한 단어들의 목적은 다른 상품보다 자신의 상품이 더욱 우수하다고 여러분을 설득시키는 데 있어요. 비판 사고를 하는 사람은 모호한 단어를 정리해야 하고 만약 그렇지 않다면 억지로 상대의 관점이나 결론에 동의할 필요가 없습니다.

01 핵심단어의 진정한 의미를 확실히 하기 위해서 해야 할 것은 무엇인가요?

　　□ 가. 핵심단어의 의미를 듣는 사람 모두 이해해야 하나요?

　　□ 나. 화자나 필자가 얘기하는 데 어떤 결과가 있나요?

　　□ 다. 화자나 필자가 얘기하는 데 어떤 의미가 있나요?

　　□ 라. 제가 핵심단어의 의미를 이해해야 하나요?

02 다음 중 단어의 의미를 따져봐야 하는 경우는 무엇인가요?

　(정답을 모두 고르세요)

　　□ 가. 간단한 단어를 사용한다.

　　□ 나. 단어의 사용범위가 명확하지 않다.

　　□ 다. 단어의 사용이 명확하다.

　　□ 라. 단어의미를 잘 알지 못한다.

　　□ 마. 평소 사용하던 의미가 아닌 다른 의미로 단어를 사용한다.

　　□ 바. 두 가지 혹은 그 이상의 의미를 가진 단어를 사용한다.

03 '연구결과에 따르면 중학교 교육의 질이 계속 떨어지고 있다'는 문장의 의미를 찾으세요. (정답을 모두 고르세요)

　　□ 가. 학생의 품행평가가 떨어졌다.

　　□ 나. 학생의 운동신경이 나빠졌다.

□다. 학생의 학습태도가 나빠졌다.

□라. 학생의 평균성적이 떨어졌다.

□마. 학생의 영어성적이 떨어졌다.

□바. 학생의 출석률이 떨어졌다.

04 '우리 회사는 미국시장으로 상품을 확대할 충분한 자원이 없다'는 문장의 의미
를 찾으세요. (정답을 모두 고르세요)

□가. 미국시장으로 상품을 확대할 인재가 부족하다.

□나. 미국시장으로 상품을 확대할 자금이 부족하다.

□다. 미국시장으로 상품을 확대할 지식이 부족하다.

□라. 미국시장으로 상품을 확대할 기술이 부족하다.

□마. 미국시장으로 상품을 확대할 용기가 부족하다.

□바. 미국시장으로 상품을 확대할 참을성이 부족하다.

05 '내일은 모든 직원이 매우 늦게까지 일을 해야 집에 갈 수 있습니다'는 문장에
서 애매모호한 단어를 찾으세요.

□가. 직원

□나. 회사

□다. 매우 늦게

□라. 집에 가다

06 '정부는 실업인구의 증가를 막기 위해 반드시 적극적인 행동으로 실업자를 도
와야 한다'는 문장에서 애매모호한 단어를 찾으세요.

□가. 실업인구

□나. 정부

□다. 적극적인 행동

□라. 실업자

 제 7과 학습 포인트

✓ 핵심단어의 진정한 의미를 이해해야 글에 대해 평가할 수 있다.

✓ 문자는 복잡하고 뜻이 모호하여 의미를 정확하고 자세하게 전달하지 못
하는 경우도 발생한다.

✓ 핵심단어는 이유와 결론에 영향을 미칠 수 있는 단어이다.

✓ 핵심단어의 진정한 의미를 명확하게 하려면 항상 '화자나 필자가 이렇
게 말하는 데 어떤 의미가 있는가'를 반드시 물어야 한다.

불명확한 단어를 찾아보자

진리는 항상 사물의 깊은 곳에 숨어 있다.

만약 어떤 사람이 자신의 의견을 분명히 얘기하지 않는다면 다른 사람은 그를 믿을 필요가 없어요. 대화를 잘하는 사람은 단어를 정확하게 전달해야 하고 끊임없이 자신의 글에 모호한 부분은 없는지 검사해야 합니다.

1 명확하지 않은 단어의 종류

명확하지 않은 단어란 쉽게 잘못 이해되고 혼동되는 단어입니다. 명확하지 않은 단어의 종류는 다음과 같습니다.

❶ 의미가 불완전하다. (Incomplete)
단어가 완전한 정보를 표현하지 못한 것입니다. '성공한 사람'이라고 말했다면 어떤 분야인지 정확하게 얘기해야 합니다.

❷ 의미가 모호하다. (Vague)
단어의 사용 범위나 경계가 명확하지 않은 것입니다. '좋은 사람'과 '나쁜 사람'을 구분하는 명확한 정의가 없는 것처럼 말이죠.

❸ 의미가 많다. (Ambiguous)
단어는 두 가지나 그 이상의 의미를 지닐 수 있습니다.

다음의 문장에서 명확하지 않은 단어의 종류를 판단하세요.

01 쥬스의 <u>비타민 함량</u>은 A브랜드보다 30% 높다.

    □ 가. 의미가 불완전하다.

    □ 나. 의미가 모호하다.

    □ 다. 의미가 많다.

02 그의 성적은 매우 <u>나쁘다</u>.

    □ 가. 의미가 불완전하다.

    □ 나. 의미가 모호하다.

    □ 다. 의미가 많다.

03 사람은 모두 <u>평등</u>하다.

    □ 가. 의미가 불완전하다.

    □ 나. 의미가 모호하다.

    □ 다. 의미가 많다.

04 <u>시간이 지날수록</u> 나는 더욱 향상하겠다고 굳게 결심했다.

    □ 가. 의미가 불완전하다.

    □ 나. 의미가 모호하다.

    □ 다. 의미가 많다.

05 <u>새로운 피</u>는 매우 중요하다.

    □ 가. 의미가 불완전하다.

    □ 나. 의미가 모호하다.

    □ 다. 의미가 많다.

06 이 약은 <u>의사의 허가</u>를 받은 것이다.

☐ 가. 의미가 불완전하다.

☐ 나. 의미가 모호하다.

☐ 다. 의미가 많다.

07 오늘은 매우 <u>추우니</u>, 모두 옷을 두껍게 입으세요.

☐ 가. 의미가 불완전하다.

☐ 나. 의미가 모호하다.

☐ 다. 의미가 많다.

08 여러분 모두 <u>서방</u>의 의미를 알고 있나요?

☐ 가. 의미가 불완전하다.

☐ 나. 의미가 모호하다.

☐ 다. 의미가 많다.

09 교육은 <u>우수한</u> 시민을 만들 수 있다.

☐ 가. 의미가 불완전하다.

☐ 나. 의미가 모호하다.

☐ 다. 의미가 많다.

10 이 식품은 <u>천연사과즙을</u> 함유하고 있다.

☐ 가. 의미가 불완전하다.

☐ 나. 의미가 모호하다.

☐ 다. 의미가 많다.

2 명확하지 않은 단어 정리하기

다른 사람이 쓰는 단어를 명확하게 이해하려면 다음 방법을 활용하세요.

❶ 사전을 보면 단어의 정의와 일상에서 자주 쓰는 표준용법을 알 수 있습니다.

❷ 전문적인 내용을 읽을 때는 일반적인 사전으로는 부족해요. 전문용어의 의미를 파악하려면 그 분야의 참고서적을 찾거나 전문가에게 자문합니다.

❸ 글의 맥락으로 추리할 수 있어요. 의미는 화자나 필자의 배경과 어휘습관, 또는 의미가 명확하지 않은 단어의 앞뒤맥락으로 의미를 추리할 수 있습니다. 또 긍정적이거나 부정적인 평가를 나타내는 단어는 경계해야 합니다. '확고하다', '완고하다', '어리석게 고집스럽다' 등의 단어가 나타내는 상황은 비슷하지만 각각 다른 감정 색채를 지니고 있어요. 되도록 객관적인 사실과 확실한 근거를 가지고 선입견에 사로잡히지 않도록 합시다.

01 글에서 명확하지 않은 단어를 정리하는 방법은 무엇인가요?

(정답을 모두 고르세요)

☐ 가. 화자나 필자의 전문기술(특기)를 파악한다.

☐ 나. 사전을 찾아본다.

☐ 다. 신문을 읽는다.

☐ 라. 참고서적을 찾아본다.

☐ 마. 관련된 전문가에게 자문한다.

☐ 바. 문장의 맥락으로 추리한다.

02 '서구(the west)사회는 대부분 중국문화를 매우 좋아한다'는 문장에서 밑줄 친 단어의 의미를 앞뒤맥락으로 추리하세요.

☐ 가. 바다의 서편

☐ 나. 서쪽의 방향

☐ 다. 서쪽의 국가

☐ 라. 서쪽의 하늘

03 '최저임금'은 어느 분야에서 자주 사용되는 명사인가요?

　　□ 가. 공사

　　□ 나. 역사

　　□ 다. 교육

　　□ 라. 경제

04 '고소'는 어느 분야에서 자주 사용되는 명사인가요?

　　□ 가. 공업

　　□ 나. 건축

　　□ 다. 법률

　　□ 라. 상업

05 '걱정'은 어느 분야에서 자주 사용되는 명사인가요?

　　□ 가. 생물

　　□ 나. 교육

　　□ 다. 심리

　　□ 라. 과학

06 '보수적이다'와 비슷하지만 상반된 평가를 지니는 표현은 무엇인가요?

　　□ 가. 혁신적이다.

　　□ 나. 신중하다.

　　□ 다. 극단적이다.

　　□ 라. 급진적이다.

07 '행복과 이익을 도모하다'와 묘사하는 상황은 비슷하지만 그와 상반된 평가를 지니고 있는 것은 무엇인가요?

    □ 가. 장려하다.

    □ 나. 꾸짖다.

    □ 다. 보조하다.

    □ 라. 처벌하다.

08 감정적인 단어가 자신의 비판 사고에 영향을 미치지 않으려면 어떻게 해야 할까요?

    □ 가. 되도록 객관적 데이터로 감정을 확실히 이해한다.

    □ 나. 되도록 객관적 사실로 이유를 확실히 이해한다.

    □ 다. 되도록 작가의 목적을 찾아 이유를 확실히 이해한다.

    □ 라. 되도록 작가의 배경을 찾아 사실을 확실히 이해한다.

3 단어 설명의 방법

다른 사람이 자신을 믿기를 바란다면 자신의 말(글)을 명확히 해야 해요. 또 청중이나 독자들이 의미를 파악하는 데 너무 많은 시간을 빼앗기지 않도록 하고요. 만약 청중과 독자들이 불명확하다고 느낀다면 그들은 더 이상 듣지 않을 것입니다. 그들의 주의를 붙잡아두려면 먼저 누가 나의 청중 또는 독자인지 잘 알아야 합니다. 글의 내용은 그들이 누구냐에 따라 결정되기 때문입니다. 정확한 문자로 설명하는 것 외에도 다음의 방법으로 단어를 설명할 수 있습니다.

❶ 동의어를 사용하라.

비슷한 의미를 가진 단어로 설명하는 것입니다.

❷ 반의어를 사용하라.

상반되는 의미를 가진 단어로 설명하는 것입니다.

❸ 예를 들어 설명하라.

그림이나 예를 들어 설명하는 것입니다.

01 글을 정확하게 말해야 하는 책임은 누구에게 있나요?

　　□ 가. 교사나 교장

　　□ 나. 전문가나 권위자

　　□ 다. 화자나 필자

　　□ 라. 청중이나 독자

02 한 분야의 전문가가 쓴 글의 특징은 무엇인가요?

　　□ 가. 간단하고 정확하다.

　　□ 나. 심오하고 이해하기 어렵다.

　　□ 다. 자세하고 깊이가 있다.

　　□ 라. 쉽게 이해할 수 있다.

03 다음 중 '미혼남'의 의미를 설명하는 것은?

　　□ 가. 결혼하지 않은 여성

　　□ 나. 결혼하지 않은 사람

　　□ 다. 결혼하지 않은 성인남성

　　□ 라. 결혼하지 않은 성인

04 다음 중 '도둑질하다'의 동의어는 무엇인가요?

　　□ 가. 훔치다

　　□ 나. 빌리다

　　□ 다. 모방하다

　　□ 라. 표절하다

05 '중국식 건설'을 다른 사람에게 정확히 설명하려면 어떻게 해야 하나요?

□ 가. 글자를 이용해서 상세하게 설명한다.

□ 나. 동의어를 사용한다.

□ 다. 반의어를 사용한다.

□ 라. 그림과 글자를 사용한다.

 제 8과 학습 포인트

> ✓ 명확하지 않은 단어는 잘못 이해하고 혼동될 수 있다.
>
> ✓ 명확하지 않은 단어의 분류
>
> ❶ 의미가 불완전하다.(Incomplete)
>
> ❷ 의미가 모호하다.(Vague)
>
> ❸ 의미가 많다.(Ambiguous)
>
> ✓ 명확하지 않은 단어 정리방법
>
> ❶ 사전을 찾는다.
>
> ❷ 각 분야의 참고서적을 참고한다.
>
> ❸ 전문가에게 자문한다.
>
> ❹ 글의 맥락으로 추리한다.
>
> ✓ 다른 사람이 자신을 믿기를 바란다면 반드시 분명하게 말을 해야 한다.
>
> ✓ 화자나 필자는 청중과 독자에 따라 글의 깊이와 상세정도를 정한다.
>
> ✓ 단어 설명의 방법
>
> ❶ 동의어를 사용하라.
>
> ❷ 반의어를 사용하라.
>
> ❸ 예를 들어 설명하라.

가설을 찾아보자

사람들은 모두 편견을 반대하지만, 누구나 편견을 가지고 있다.

일상생활에서 토론하거나 글을 쓰다보면 분명하지 않게 얘기하는 부분이 있어요. 이것을 '가설(Assumption)'이라 불러요. 예를 들어 목사님이 설교할 때 하나님이 존재한다는 가설에서 시작하죠. 일반적으로 이러한 가설은 명확하게 진술하기 힘들기 때문에 화자나 필자의 글에서 찾아내야 합니다.

1 가설이란 무엇인가

　화자나 필자가 어떤 사건을 당연하게 여기지만 분명히 얘기하지 못할 때 우리는 이러한 사건을 '가설'이라고 불러요. 이러한 가설은 어디나 존재합니다. 만약 깊게 잠든 동생을 깨운다면 반드시 동생이 지각하기 싫어한다는 가설을 세워야 합니다. 이러한 숨겨진 가설은 개인에게 영향을 줄 뿐만 아니라 결론을 뒷받침해요. 그래서 가설을 '숨겨진 이유'라고도 합니다.

01 다음 중 가설의 특징은 무엇인가요?(정답을 모두 고르세요)

    □ 가. 철저히 무시당한다.

    □ 나. 개인의 결정에 영향을 준다.

    □ 다. 아주 분명하게 드러난다.

    □ 라. 개인의 성격에 영향을 준다.

    □ 마. 글에서 설명되지 않는다.

    □ 바. 당연하다고 여겨진다.

    □ 사. 어디나 있다.

    □ 아. 매우 소중하다.

02 숨겨진 가설을 다른 말로 뭐라고 하나요?

    □ 가. 숨겨진 결론

    □ 나. 숨겨진 단어

    □ 다. 숨겨진 의제

    □ 라. 숨겨진 이유

03 비판 사고를 하는 사람은 반드시 어떠한 가설을 찾아야 하나요?

    □ 가. 이유를 돋보이게 만드는 데 필요한 가설

    □ 나. 이유가 정확하다고 증명하는 데 필요한 가설

    □ 다. 결론을 명확하지 않게 만드는 데 필요한 가설

    □ 라. 상대방을 비난하기 위해 필요한 가설

04 '지구온난화는 남극과 북극의 빙하를 녹인다. 해수면이 상승하는 것을 발견해서 지구기후가 온난화과정에 있다고 밝힌다'라는 문장에서 필자의 숨겨진 가설을 찾으세요.

    □ 가. 해수면 상승의 원인은 현재까지 인정되지 않았다.

    □ 나. 해수면 상승의 유일한 원인은 지구온난화이다.

□ 다. 해수면 상승의 원인은 남극과 북극의 빙하가 녹기 때문이다.

□ 라. 해수면 상승의 원인은 다른 이유도 있다.

05 '정부가 학교를 소수정원제로 만든다면 선생님은 학생을 더욱 쉽게 관리할 수 있을 것이다' 라는 문장에서 필자의 숨겨진 가설을 찾으세요.

□ 가. 학교의 선생님 수는 증가할 것이다.

□ 나. 학교의 선생님 수는 감소할 것이다.

□ 다. 선생님이 관리하는 학생 수는 증가할 것이다.

□ 라. 선생님이 관리하는 학생 수는 감소할 것이다.

06 '도박을 하는 사람이 점점 더 늘어나고 있으므로 정부는 도박을 전면 금지시켜야 한다' 라는 문장에서 필자의 숨겨진 가설을 찾으세요.

□ 가. 도박이 유행하면서 더 많은 사람들이 도박을 하게 된다.

□ 나. 사람들이 점점 도박을 멀리하는 능력을 잃어가고 있다.

□ 다. 도박을 금지하는 것은 정부의 당연한 책임이다.

□ 라. 사람들은 어떠한 도박행위를 해서도 안 된다.

07 '정부는 소수의 사람이 좋아하는 예술활동을 재정적으로 지원하면 안 된다' 라는 문장에서 필자의 숨겨진 가설을 찾으세요.

□ 가. 예술활동은 정부의 재정적 지원을 받아서는 안 된다.

□ 나. 정부가 예술활동을 추진하는 것은 불공평한 것이다.

□ 다. 어떠한 일을 하기 전에는 반드시 공평성을 먼저 고려해야 한다.

□ 라. 일반적인 많은 사람들은 예술활동에 그다지 흥미가 없다.

2 가설의 분류

일반적으로 가설은 크게 다음과 같이 분류합니다.

❶ 가치관 가설(Value Assumption)

가치관은 그 일이 자신에게 얼마나 중요한지를 판단하는 것입니다. 건강을 중요하게 생각하는 사람은 음식과 운동에 관심이 많습니다. 돈을 중요하게 생각하는 사람은 돈을 벌기 위해서 일을 그만두지 않습니다. 가치관 가설은 돈과 건강처럼 서로 모순인 가치관의 대립에서 자신도 모르는 사이에 더 선호하는 가치를 선택하는 것입니다.

❷ 신념 가설(Belief Assumption)

신념은 세상에 대한 우리의 올바른 판단입니다. 자신이 어떤 어려움도 극복할 수 있다고 믿는 사람은 아주 뛰어난 끈기와 결심을 가지고 있어요. 사람들에게 신념은 절대적이고 정확한 진리와 같습니다. 아직 명확하게 밝혀지지 않은 생각 또한 신념 가설이라 합니다.

01 가치관이란 무엇인가요?

☐ 가. 그 일을 자신이 얼마나 모르는지 판단하는 것이다.

☐ 나. 그 일을 자신이 얼마나 잘 알고 있는지 판단하는 것이다.

☐ 다. 그 일이 자신에게 얼마나 중요한지를 판단하는 것이다.

☐ 라. 그 일이 자신에게 얼마나 급한지를 판단하는 것이다.

02 다음 중 흔히 볼 수 있는 가치관은 무엇인가요?(정답을 모두 고르세요)

☐ 가. 아름다움

☐ 나. 가정

☐ 다. 안전

☐ 라. 성취

☐ 마. 평화

☐ 바. 학문과 식견

☐ 사. 건강

☐ 아. 자유

03 다음 중 가치관의 영향을 받는 것은 무엇인가요?(정답을 모두 고르세요)

□ 가. 집의 선택

□ 나. 휴가를 보내는 방법

□ 다. 친구를 사귐

□ 라. 생활방식

□ 마. 식품선택

□ 바. 책을 선택

□ 사. 옷을 선택

□ 아. 직업

04 친구를 중요하게 생각하는 사람은 어떤 행동을 할 수 있나요?

(정답을 모두 고르세요)

□ 가. 항상 친구를 도와준다.

□ 나. 밤낮 쉬지 않고 일을 한다.

□ 다. 친구가 말하는 것을 집중해서 듣는다.

□ 라. 친구와 마음을 나눈다.

□ 마. 항상 친구를 존중한다.

□ 바. 항상 홀로 즐거움을 누린다.

□ 사. 항상 쉬지 않고 공부한다.

□ 아. 친구가 어려울 때 도와준다.

05 '이 대학교의 기숙사 시설은 매우 편하다. 그래서 나는 여기서 공부하기로 결정했다' 라는 문장에서 화자가 선호하는 가치관을 고르세요.

□ 가. 편리한 교통

□ 나. 멋진 환경

□ 다. 주거시설의 편안함

□ 라. 학업 분위기

06 신념이란 무엇인가요?

　　□ 가. 세상에 대한 잘못된 판단

　　□ 나. 세상에 대한 올바른 판단

　　□ 다. 세상에 대한 중요한 판단

　　□ 라. 세상에 대한 관계성 판단

07 사람들에게 신념이란 무엇과 같나요?

　　□ 가. 절대적으로 옳은 진리

　　□ 나. 절대적으로 옳은 방법

　　□ 다. 절대적으로 그른 문제

　　□ 라. 절대적으로 그른 사실

08 다음 중 테레사 수녀의 위대한 신념은 무엇인가요?

　　□ 가. 빈곤한 사람을 대수롭지 않게 대한다.

　　□ 나. 빈곤한 사람을 무시한다.

　　□ 다. 빈곤한 무조건 도와준다.

　　□ 라. 빈곤한 사람을 하나님과 동등하게 대한다.

09 '가로등이 너무 어두워서 범죄가 계속 발생한다. 그러므로 더욱 밝은 등으로 바꿔야 한다'라는 문장에서 필자의 신념을 찾으세요.

　　□ 가. 밝은 가로등은 범죄사건을 줄일 수 있다.

　　□ 나. 가로등이 어두워서 범죄가 발생한다.

　　□ 다. 정부는 범죄가 계속 발생하지 않도록 해야 한다.

　　□ 라. 많은 이유로 인해 범죄가 발생한다.

3 가치관 충돌

　　이성적인 사람은 아주 강하고 굳은 표정으로 도박이 자신을 파멸시킨다고 지적해요. 그러나 다른 이성적인 사람은 도박이 개인의 자유를 인정하는 것이 아니냐고 얘기하기도 해요. 이렇게 다른 결론을 내는 것이 바로 가치관 충돌입니다. 이는 사람들이 동일한 사건의 중요성에 대해서 선호하는 가치관의 순서 차이입니다. 그렇기 때문에 이렇게 일치하지 않는 결론이 나오는 것입니다.

01 화자나 필자의 가치관은 글에 어떻게 영향을 주나요?

　□ 가. 결론에만 영향을 미친다.

　□ 나. 더 나아가 이유에만 영향을 미친다.

　□ 다. 이유에 크게 영향을 미치며 더 나아가 결론에 영향을 미친다.

　□ 라. 어떤 영향도 주지 않는다.

02 '생명은 성스러운 것이므로 이를 침범해서는 안 된다'고 생각하는 사람은 다음 중 어떤 의제에 크게 영향을 줄 수 있나요?(정답을 모두 고르세요)

　□ 가. 자살

　□ 나. 선거

　□ 다. 사형

　□ 라. 안락사

　□ 마. 애국

　□ 바. 낙태

　□ 사. 전쟁

　□ 아. 평화

03 가치관 충돌이란 무엇인가요?

☐ 가. 서로 다른 사건에 대해서 선호하는 가치관의 선호 순서가 같다.

☐ 나. 서로 다른 사건에 대해서 선호하는 가치관의 선호 순서가 다르다.

☐ 다. 같은 사건에 대해서 선호하는 가치관의 선호 순서가 다르다.

☐ 라. 같은 사건에 대해서 선호하는 가치관의 선호 순서가 같다.

04 다음 중 가치관 충돌의 예는 무엇인가?(정답을 모두 고르세요)

☐ 가. 경쟁과 협력

☐ 나. 노동과 향락

☐ 다. 주는 것과 받는 것

☐ 라. 자유와 질서

☐ 마. 유지와 변화

☐ 바. 전통을 깨는 것과 지켜줄 것

☐ 사. 공평과 성실

☐ 아. 평등과 민주

제 9과 학습 포인트

✓ 가설은 당연하게 여겨지지만 분명하게 얘기할 수 없는 것이다.

✓ 가설의 분류

❶ 가치관 가설

❷ 신념 가설

✓ 가치관은 그 일이 자신에게 얼마나 중요한지 판단하는 것이다.

✓ 신념은 세상에 대한 우리의 올바른 판단이다.

✓ 가치관 충돌은 사람들이 같은 사건에 대해 선호하는 가치관의 선호 순서가 다른 것이다.

가치관 가설과 신념 가설

사람들이 실수하는 원인은 어려서부터 편견이 만들어졌기 때문이다.

사람들이 어떤 입장을 지지하게끔 설득할 때 보통 그 입장을 뒷받침하는 이유를 제시합니다. 그리고 이유에는 근거가 꼭 들어맞게 얘기합니다. 그러나 글의 전체적인 모습을 알려면 반드시 화자와 필자가 숨겨놓은 중요한 가설을 찾아야 해요. 가설은 결론을 뒷받침하는 보이지 않는 이유가 되기 때문입니다.

1 가치관 가설을 찾아라

모든 사람의 마음에는 우선적으로 순서를 매기거나 매우 선호하는 가치관이 있어요. 다음 방법으로 이러한 가치관을 찾아낼 수 있어요.

❶ 화자나 필자의 배경을 이해하라.

같은 배경을 가진 화자나 필자는 일반적으로 비슷한 가치관을 선호하고 같은 이익을 추구합니다.

❷ 화자나 필자의 입장이 낳는 결과의 중요성을 예상해보라.

각 입장마다 다른 결과를 낳을 수 있기 때문에 어떤 사람이 강력하게 자신의 입장을 주장하는 것은 자신의 가치관 가설을 드러내는 것과 같아요.

❸ 가치관 충돌을 찾아라.

서로 다른 결론에서 화자나 필자의 가치관 가설을 찾아야 합니다.

01 같은 배경을 가진 화자나 필자의 특징은 무엇인가요?

☐ 가. 선호하는 가치관이 다르고 비슷한 이익을 추구한다.

☐ 나. 선호하는 가치관이 비슷하고 같은 이익을 추구한다.

☐ 다. 선호하는 가치관이 반대되고 같은 이익을 추구한다.

☐ 라. 선호하는 가치관이 같고 반대되는 이익을 추구한다.

02 다음 중 대기업 회장의 가치관과 비슷한 것은 무엇인가요?

☐ 가. 성과와 열심히 일하는 것을 중요하게 생각한다.

☐ 나. 가정과 배우자를 중요하게 생각한다.

☐ 다. 휴식과 열심히 노는 것을 중요하게 생각한다.

☐ 라. 건강과 운동하는 것을 중요하게 생각한다.

03 노조위원장은 누구의 이익을 보호하나요?

☐ 가. 사장

☐ 나. 가정

☐ 다. 정부

☐ 라. 직원

04 어떤 사람이 환경오염을 막는다는 이유로 원자력발전소 건설을 반대한다면 이 사람이 선호하는 가치는 무엇인가요?

☐ 가. 세계평화

☐ 나. 기회균등

☐ 다. 환경보호

☐ 라. 언론자유

05 어떤 사람이 전기에너지 절약을 이유로 원자력발전소 건설을 찬성한다면 이 사람이 선호하는 가치는 무엇인가요?

    □ 가. 자유민주

    □ 나. 경제효과

    □ 다. 학문과 지식

    □ 라. 건강한 마음

06 어떤 사람이 돈을 많이 벌기 위해 대학에 진학한다면 이 사람이 선호하는 가치는 무엇인가요?

    □ 가. 생명을 즐기며 누리는 것

    □ 나. 물질을 얻는 것

    □ 다. 예술지식을 공부하는 것

    □ 라. 문제를 개선하는 것

07 정부가 금연구역을 넓힐 것을 제의했다면 여기서 발생할 수 있는 가치관 충돌은 무엇인가요?

    □ 가. 언론의 책임과 정부의 책임

    □ 나. 개인의 책임과 정부의 책임

    □ 다. 개인의 책임과 담배판매자의 책임

    □ 라. 언론의 책임과 담배판매자의 책임

08 위 문제에서 금연구역을 넓히는 것을 반대한다면 이 사람이 선호하는 가치는 무엇인가요?

    □ 가. 정부의 책임을 다른 것보다 중요하게 생각한다.

    □ 나. 언론의 책임을 다른 것보다 중요하게 생각한다.

    □ 다. 담배판매상의 책임을 다른 것보다 중요하게 생각한다.

    □ 라. 개인의 책임을 다른 것보다 중요하게 생각한다.

2 신념과 편견

　　신념은 사람들이 굳게 믿는 것으로써 이것을 통해 어떤 일을 지시합니다. 하지만 신념은 주관적이기 때문에 확실한 사실은 아닙니다. 따라서 자신의 신념과 같은 정보는 빨리 받아들이고 자신의 신념과 반대되는 정보는 눈여겨보지 않게 됩니다. 개인의 잘못된 신념이 강하면 편견이 되어 잘못된 판단을 하게 됩니다. 결국 잘못된 인생의 길로 가게 하죠. 화자나 필자는 가끔 이러한 자신의 신념 가설을 발견하지 못합니다. 그러므로 반드시 비판 사고로 그들이 당연하게 생각하는 여러 신념을 찾아내어 그 신념이 정당한 이유인지, 그 이유를 통해 결론을 뒷받침하고 있는지 검사해야 합니다.

01 다음 중 신념의 특징은 무엇인가요?(정답을 모두 고르세요)

　　□ 가. 모든 사람은 서로 다른 신념을 가지고 있다.

　　□ 나. 주관적이다.

　　□ 다. 자신의 신념과 반대되는 정보는 눈여겨보지 않는다.

　　□ 라. 당연하다고 여기는 진리이다.

　　□ 마. 어떤 일을 지시한다.

　　□ 바. 사람들은 대부분 자신의 신념을 관찰하지 못한다.

　　□ 사. 정확한 사실은 아니다.

　　□ 아. 자신의 신념과 같은 정보는 받아들인다.

02 다음 중 신념의 예로 볼 수 있는 것은 무엇인가요?(정답을 모두 고르세요)

☐ 가. 대부분의 사람은 도덕적인 사람이다.

☐ 나. 모든 여자들은 약속을 지키지 않는다.

☐ 다. 성공한 사람들은 절대로 포기하지 않는다.

☐ 라. 하나님은 나를 지키며 인도하신다.

☐ 마. 다함께 마음을 모아 협력해야 성공한다.

☐ 바. 습관은 고칠 수 있다.

☐ 사. 선(善)은 언제나 좋은 결과를 낳는다.

☐ 아. 모든 남자들은 믿지 못한다.

03 편견이란 무엇인가요?

☐ 가. 보수적인 신념

☐ 나. 잘못된 신념

☐ 다. 실패한 신념

☐ 라. 정체된 신념

04 편견을 가진 사람은 어떤 행동을 하나요?

☐ 가. 어떤 일에 대해서 다른 사람의 생각이 옳은지 고려하여 자신의 방법은 사용하지 않는다.

☐ 나. 모든 일에 대해서 다른 사람의 생각을 따른다.

☐ 다. 어떤 일에 대해서 다른 사람의 생각이 옳다고 고집하며 반드시 자신의 방법을 사용한다.

☐ 라. 모든 일에 대해서 자신의 생각이 옳다고 고집하고 반드시 자신의 방법을 사용한다.

05 만약 반에서 따돌림을 받는 친구에게 잘해주는 친구가 있다면 그 친구는 어떤 사람인가요?

　□ 가. 어느 한 쪽으로 치우치지 않고 공정한 사람

　□ 나. 이름값을 하는 사람

　□ 다. 다른 속뜻이 있는 사람

　□ 라. 사랑하는 마음을 가진 사람

06 '그처럼 모든 사람들도 컴퓨터전문가가 될 수 있다'라는 문장에서 필자의 신념 가설을 찾으세요.

　□ 가. 모든 사람에게 기회는 불평등하다.

　□ 나. 모든 사람이 좋아하는 것은 모두 같다.

　□ 다. 모든 사람의 이상이 일치한다.

　□ 라. 모든 사람의 능력은 모두 같다.

3 신념 가설 찾기

모든 사람의 마음에는 서로 다른 신념 가설이 있습니다. 다음의 방법으로 신념 가설을 찾아낼 수 있어요.

❶ 결론과 이유 사이의 연결되지 않은 부분을 따져보라.

자신이 결론을 낸 사람이라고 입장을 바꿔서 생각하여 다시 이유와 결론을 연결시켜 봅니다.

❷ 자신이 결론에 반대하는 사람이라 생각하라.

반대하는 입장에 서서 화자나 필자의 결론에 왜 동의하지 않는지 생각해본다.

❸ 의제를 더욱 깊게 이해하라.

더 많은 핵심 사항들을 안다면 숨겨진 신념 가설을 찾을 수 있습니다.

01 글에서 신념 가설을 찾도록 도와주는 것은 무엇인가요?

(정답을 모두 답을 모두 고르세요)

☐ 가. 의제를 더욱 깊게 이해한다.

☐ 나. 핵심과 관계없는 가설을 분석한다.

☐ 다. 결론과 이유 사이에 있는 결점을 생각한다.

☐ 라. 결론과 이유를 별개로 생각한다.

☐ 마. 자신을 이 글에 대한 찬성자라 생각한다.

☐ 바. 자신을 이 글에 대한 반대자라 생각한다.

02 글에서 중요한 신념 가설을 찾도록 도와주는 것은 무엇인가요?

☐ 가. 필자가 결론에서 이유까지 어떻게 이르렀는지 따져본다.

☐ 나. 필자가 근거에서 이유까지 어떻게 이르렀는지 따져본다.

☐ 다. 필자가 의제에서 결론까지 어떻게 이르렀는지 따져본다.

☐ 라. 필자가 이유에서 결론까지 어떻게 이르렀는지 따져본다.

다음의 결론과 이유로 숨겨진 가설을 찾으세요.

03 결론 : 청소년 범죄자의 부모들은 반드시 처벌해야 한다.

이유 : 부모들은 그 자녀들의 잘못된 행동에 대해 책임을 져야 한다.

☐ 가. 부모들은 그저 자신의 향락만을 생각한다.

☐ 나. 부모들은 자녀에게 적합한 교육을 시켜야 한다.

☐ 다. 부모들은 그 자녀의 범죄행위를 방지할 수 있다.

☐ 라. 부모들은 자녀의 잘못을 책임지기만 하면 된다.

04 결론 : 정부는 반드시 노인들의 건강검진 보조금을 올려주어야 한다.

   이유 : 노인들의 대부분이 다시는 건강검진을 하지 않으려 한다.

   □ 가. 신체검사의 단계를 반드시 간단하게 해야 한다.

   □ 나. 노인들에게 신체검사는 반드시 필요한 것이다.

   □ 다. 노인들에게 신체검사는 필요하지 않은 것이다.

   □ 라. 노인들의 신체검사 비용은 정부가 부담해야 한다.

05 결론 : 동생의 성적에 대한 칭찬을 늘린다.

   이유 : 동생의 성적이 계속해서 떨어졌다.

   □ 가. 동생은 자신의 성적이 떨어지는 것에 대해서 반드시 책임을 져야 한다.

   □ 나. 성적에 대한 칭찬을 늘리면 부모님의 경제적 부담도 커진다.

   □ 다. 동생은 성적에 대해 늘어난 칭찬으로 다른 사람을 도와야 한다.

   □ 라. 성적에 대한 칭찬을 많이 하면 동생이 열심히 공부하게 만든다.

06 결론 : 화성에는 어떤 생물도 살지 않는다.

   이유 : 화성에는 오랫동안 건조하고 차가운 기후가 계속되었다.

   □ 가. 생명체는 햇빛과 공기가 있어야 성장할 수 있다.

   □ 나. 생명체는 햇빛과 따뜻한 온도가 있어야 성장할 수 있다.

   □ 다. 생명체는 따뜻한 온도와 수분이 있어야 성장할 수 있다.

   □ 라. 생명체는 공기와 수분이 있어야 성장할 수 있다.

07 결론 : 흡연을 반대하는 시민교육을 강화해야 한다.

   이유 : 청소년 흡연자가 계속해서 늘어나고 있다.

   □ 가. 청소년은 상점에서 어떤 담배도 구입할 수 없다.

   □ 나. 청소년은 흡연반대 시민교육을 받아들일 수 있다.

   □ 다. 청소년은 친구들과 동질감을 위해서 흡연한다.

   □ 라. 청소년의 부모들은 반드시 다같이 동참해야 한다.

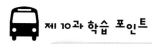 제 10과 학습 포인트

✓ 가치관 가설을 찾는 방법

❶ 화자나 필자의 배경을 이해하라.

❷ 화자나 필자의 입장이 낳은 결과의 중요성을 예상해보라.

❸ 가치관 충돌을 찾아라.

✓ 신념은 우리가 굳게 믿는 것이고 편견은 잘못된 신념이다.

✓ 신념 가설을 찾는 방법

❶ 결론과 이유 사이의 연결되지 않은 부분을 따져보라.

❷ 자신을 이 결론의 반대자라고 생각하라.

❸ 의제를 더욱 깊게 이해하라.

11 | 근거를 확인하라(1)

사실 외에는 그 힘을 가질 수 있는 것이 없다.

일단 화자나 필자가 무엇을 얘기하는지, 그 이유와 결론이 무엇인지 확실하게 알고 또 명확하지 않은 단어를 정리하고 숨겨진 가설을 찾았다면, 그 후에는 반드시 화자나 필자가 내놓은 근거가 믿을 만한 것인지를 확인해야 합니다.

1 근거확인이란 무엇인가

개인의 지식과 경험은 한계가 있으므로 어쩔 수 없이 다른 사람이 제시한 정보를 근거로 삼습니다. 여러분도 선생님이나 친구에게서 들은 정보, 텔레비전에서 본 정보, 책에서 읽은 정보를 무조건 믿는 것은 아닌지 생각해보세요. 대부분의 근거는 옳은지 틀린지 확정하기 어렵습니다. 따라서 근거확인이란 근거가 완전하게 정확한지 평가하는 것이 아니라, 그 근거가 믿을 만한 것인지 물어보거나 근거가 얼마나 합리적인지 따져보는 것입니다. 일반적으로 주장을 뒷받침하는 근거의 수준이 높을수록, 그 수가 많을수록 그 근거의 신뢰도가 높아져 더욱 믿을 수 있는 '사실'이 됩니다.

01 근거확인은 근거의 무엇을 평가하는 것인가요?

    □ 가. 진실도

    □ 나. 중요도

    □ 다. 기호도

    □ 라. 신뢰도

02 근거의 신뢰도를 높일 수 있는 것은 무엇인가요?(정답을 모두 고르세요)

    □ 가. 근거의 현재상태

    □ 나. 근거의 표현

    □ 다. 근거의 수준

    □ 라. 근거의 분류

    □ 마. 근거의 성질

    □ 바. 근거의 수

03 근거의 신뢰도가 높다면 그것을 무엇이라고 부를 수 있나요?

    □ 가. 현실

    □ 나. 사실

    □ 다. 현상

    □ 라. 진리

04 다음 중 믿을 만한 근거가 되는 것은 무엇인가요?

    □ 가. 연구조사

    □ 나. 길에서 들은 말

    □ 다. 개인의 직감

    □ 라. 유언비어

05 다음 중 제2차 세계대전이 일어났던 것을 믿을 수 있는 근거는 무엇인가요?

(정답을 모두 고르세요)

　☐ 가. 역사책의 기록

　☐ 나. 선생님의 가르침

　☐ 다. 역사학자의 증명

　☐ 라. 텔레비전과 신문의 보도

　☐ 마. 피해자의 증언

　☐ 바. 경험자의 진술

06 다음 중 갑작스럽게 생긴 교통사고의 근거확인을 도와주는 것은 무엇인가요?

　☐ 가. 신호등 옆의 CCTV

　☐ 나. 교통전문가의 현장 판단

　☐ 다. 교통경찰관의 누적된 경험

　☐ 라. 사고를 목격한 사람의 증언

　☐ 마. 유사한 교통사고의 연구보고서

　☐ 바. 지면에 남아 있는 타이어의 흔적

2 근거의 신뢰도

기본적으로 근거는 화자나 필자가 내놓은 정보예요. 주로 주장의 신뢰도를 뒷받침하고 증명하는 데 쓰입니다. 근거는 개인의 경험, 개인의 관찰, 권위 있는 판단 및 연구조사에 바탕을 두고 있습니다. 비판 사고를 하는 사람은 반드시 근거를 자세히 검사해야 합니다. 다음 질문으로 근거의 신뢰도를 판단할 수 있어요.

❶ 정보출처의 신뢰도는 어떠한가?

세계에서 유명한 신문은 비교적 신뢰도가 높아요.

❷ 정보제공자가 이익을 얻는가?

차를 판매하는 사람은 자신이 팔려는 차량의 성능이 좋다는 것을 증명합니다. 하지만 이의 정보는 의심스럽습니다.

❸ 정보제공자가 그와 관련된 전문지식을 가지고 있거나 훈련을 받았는가?

의사는 환자의 건강상태를 판단하기 위해 전문적인 교육을 받은 사람입니다.

❹ 기타 다른 방법으로 증명할 수 있는가?

많은 과학자들은 같은 발견을 하기도 합니다.

❺ 많은 사람들이 알고 있는 사실과 어긋나지 않는가?

사람의 언어를 이해하는 동물을 발견한 것을 들 수 있어요.

01 '변호사는 절대로 미래를 보장하는 직업이 아니다. 조사결과에 따르면 많은 변호사들이 다른 직업으로 바꾸었다'라는 문장에서 근거의 출처를 판단하세요.

□ 가. 개인의 직감

□ 나. 개인의 경험

□ 다. 전문가의 판단

□ 라. 연구조사

02 '이 학교의 교육과정은 많은 졸업생들에게 좋은 평가를 받았으므로 반드시 우수할 것이다'라는 문장에서 근거의 출처를 판단하세요.

□ 가. 개인의 경험

□ 나. 전문가의 판단

□ 다. 개인의 예측

□ 라. 연구조사

03 '한 의사가 이 건물의 안전구조를 점검했다'라는 문장에서 나타나는 신뢰도에 관한 문제를 찾으세요.

□ 가. 많은 사람이 알고 있는 사실과 어긋난다.

□ 나. 정보제공자가 이익을 얻는다.

□ 다. 정보출처의 신뢰도가 의심스럽다.

□ 라. 정보제공자의 전문지식이 부족하다.

04 '○○회사의 사장은 자신의 회사가 세계 100대 기업에 속한다고 얘기했다'는
문장에서 나타나는 신뢰성에 관한 문제를 찾으세요.

□ 가. 정보출처의 신뢰도가 부족하다.

□ 나. 많은 사람이 알고 있는 사실과 어긋난다.

□ 다. 정보제공자가 그 이익을 얻는다.

□ 라. 정보제공자의 전문지식이 부족하다.

05 다음 중 신뢰도가 낮은 것은 무엇인가요?

□ 가. 신문에 실린 정보

□ 나. 해외 방송사가 보도한 정보

□ 다. 잡지에 실린 정보

□ 라. 명확한 출처가 밝혀지지 않은 정보

06 다음 중 신뢰도가 낮은 것은 무엇인가요?

□ 가. 영국의 과학자는 분홍색의 사과를 발견했다.

□ 나. 독일의 과학자는 직사각형의 사과를 발견했다.

□ 다. 미국의 과학자는 말할 수 있는 사과를 발견했다.

□ 라. 중국의 과학자는 중량 1킬로그램의 사과를 발견했다.

3 개인의 경험

개인의 경험이란 개인의 체험, 지식, 느낀 점으로 자신의 주장을 뒷받침하는 것
을 말합니다. 아쉽게도 개인의 경험은 너무 개인적이라서 다른 사람이 신뢰할 수
없어요. 뿐만 아니라 이에 대해 편견을 가질 수도 있습니다. 또 한 사람의 경험으로
사건의 진상을 대표하는 것은 모든 사람에게 신뢰를 얻지 못해요. 마찬가지로 대
부분 광고도 개인의 경험담을 통해 소비자들이 물건을 구매하도록 설득합니다. 이
런 상황에서는 '대표성을 가지는가?', '억지스럽게 부정하지는 않은가?', '증언
을 한 사람은 이익을 얻지 않는가?'와 같은 질문을 반드시 해야 합니다.

01 개인의 경험이란 무엇으로 자신의 주장을 뒷받침하는 것인가요?

　(정답을 모두 고르세요)

　　□ 가. 지식

　　□ 나. 흥미

　　□ 다. 성격

　　□ 라. 느낀 점

　　□ 마. 신념

　　□ 바. 체험

02 직감이나 육감에 따르는 근거는 어떻게 처리해야 할까요?

　　□ 가. 과학적인 방법으로 직감과 육감의 신뢰도를 판단하다.

　　□ 나. 자신의 직감으로 직감과 육감의 신뢰도를 판단한다.

　　□ 다. 매우 주의해서 다루고 되도록 다른 유형의 근거로 뒷받침해야 한다.

　　□ 라. 정보제공자의 직감과 육감을 빌려 자신도 한 번 따라 해본다.

03 위 문제에 대한 원인을 설명하세요.

　　□ 가. 직감과 육감의 정확성은 매우 높다.

　　□ 나. 사람들의 직감과 육감은 모두 동일하다.

　　□ 다. 과학적인 방법은 직감과 육감의 정확성을 판단할 수 있다.

　　□ 라. 직감과 육감의 정확성을 판단할 수 있는 방법은 없다.

04 한 사람의 체험으로 사건의 진상을 대표하는 방법의 결점은 무엇인가요?

　　□ 가. 한 사람의 체험은 사건의 부분에 대한 진상을 대표할 수 있다.

　　□ 나. 한 사람의 체험은 사건의 부분에 대한 진상을 대표하지 못한다.

　　□ 다. 한 사람의 체험은 사건의 전부에 대한 진상을 대표할 수 있다.

　　□ 라. 한 사람의 체험은 사건의 전부에 대한 진상을 대표할 수 없다.

05 다음 중 개인의 경험은 무엇인가요?(정답을 모두 고르세요)

□ 가. 나는 다이어트 약을 복용한 후 다시 표준체중으로 돌아왔다.

□ 나. 연구결과에 따르면 이온은 아이들에게 큰 영향을 미치는 것으로 나타났다.

□ 다. 성경을 보면 내일을 걱정하지 말라고 나온다.

□ 라. 나는 영화 〈타이타닉〉이 금세기 최고의 영화라고 생각한다.

□ 마. 나는 김선생님께 영어를 배웠는데 선생님의 영어는 일류수준이다.

□ 바. 조사에 따르면 남성의 평균수명이 여성보다 짧다고 한다.

□ 사. 친구들이 최신형 게임기로 즐겁게 놀았다고 한다.

□ 아. TV에서 내가 좋아하는 가수의 공연이 방송됐지만 보지 못했다.

06 텔레비전에서 다이어트에 성공한 유명한 여자 연예인이 몸매관리센터를 추천하는 것을 볼 때 이 주장의 신뢰도는 어떤 방법으로 판단할 수 있나요?

(정답을 모두 고르세요)

□ 가. 다이어트를 개발한 사람은 몇 명인가?

□ 나. 다이어트에 참가한 사람은 몇 명인가?

□ 다. 다이어트에 실패한 사례는 얼마나 되는가?

□ 라. 다이어트에 성공한 사례는 얼마나 되는가?

□ 마. 유명한 여자 연예인은 사례금을 받고 추천하는 것은 아닌가?

□ 바. 유명한 여자 연예인은 내가 가장 좋아하는 사람인가?

□ 사. 유명한 여자 연예인은 얼굴이 예쁜 사람인가?

□ 아. 유명한 여자 연예인과 나는 친한 사이인가?

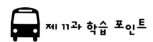

√ 근거확인은 근거의 신뢰도를 평가하는 것이다.

√ 정보의 신뢰도를 평가하는 방법

  ❶ 정보출처의 신뢰도는 어떠한가?

  ❷ 정보제공자가 이익을 얻는가?

  ❸ 정보제공자가 그와 관련된 전문지식을 가지고 있거나 훈련을 받았는가?

  ❹ 기타 다른 방법으로 증명할 수 있는가?

  ❺ 많은 사람이 알고 있는 사실과 어긋나지 않는가?

√ 개인의 경험이란 개인의 체험, 지식, 느낀 점으로 자신의 주장을 뒷받침
   하는 것을 말한다.

√ 개인의 경험은 사건의 전부에 대한 진상을 대표하지 못한다.

12 | 근거를 확인하라(2)

빛나는 모든 물건이 황금은 아니다.

우리는 잡지, 텔레비전, 책, 인터넷 등에서 매일 많은 정보를 얻어요. 하지만 어떤 것을 믿어야 할지 모릅니다. 만약 일부만 보고 깊이 생각하지 않은 채 전부 받아들이면 크게 손해를 입을 수도 있습니다. 그러므로 반드시 믿을 만한 정보를 선택하는 능력을 키워야 합니다.

1 개인의 관찰

개인의 관찰이란 감각능력(시각, 청각, 후각, 미각, 촉각)으로 얻은 자료를 근거로 삼는 것입니다. 하지만 이런 자료는 진실을 완벽하게 반영하지 못합니다. 사람들은 사건을 관찰할 때 항상 많은 실수를 하기 때문이죠. 관찰할 때 모든 정신을 기울일 수도 있고 그렇지 않을 수도 있어요. 시력이 좋을 수도 있고 나쁠 수도 있고요. 또 감기약을 먹어 감각능력이 떨어질 수도 있습니다. 그래서 반드시 다른 관찰자의 증거나 다른 유형의 근거를 함께 찾아야 합니다. 또 각종 과학적인 방법으로 뽑은 데이터를 근거로 삼을 수도 있습니다. 반드시 정확한 방법으로 데이터를 뽑아야 합니다. 그렇지 않으면 다른 결과가 나올 수도 있어요.

01 개인의 관찰이란 사람의 어떤 감각능력으로 자료를 얻는 것인가요?

(정답을 모두 고르세요)

☐ 가. 후각

☐ 나. 시각

☐ 다. 미각

☐ 라. 촉각

☐ 마. 청각

02 다음 중 감각능력의 신뢰도에 영향을 주는 것은 무엇인가요?

☐ 가. 자료제공자의 집중도

☐ 나. 몸에 영향을 주는 약

☐ 다. 자료제공자의 편견

☐ 라. 자료제공자의 기분

☐ 마. 과도한 음주

☐ 바. 비정상적인 감각

03 어떤 사실을 관찰할 때 쉽게 실수하는 이유는 무엇인가요?

☐ 가. 전체를 관찰한다.

☐ 나. 한쪽만 관찰한다.

☐ 다. 정신을 집중한다.

☐ 라. 사실을 인정한다.

☐ 마. 사실을 확실히 확인한다.

☐ 바. 사실을 왜곡한다.

04 다음 중 도로에서 과속하는 차량을 측정할 때 가장 믿을 만한 방법은 무엇인가요?

　□ 가. 교통경찰관의 직감을 이용한다.

　□ 나. 과속탐지기로 측정한다.

　□ 다. 전문가의 전문적인 판단을 이용한다.

　□ 라. 교통경찰관의 관찰을 이용한다.

05 위 문제에서 믿을 수 없는 결과가 나왔다면 그 주요 원인은 무엇일까요?

　□ 가. 전문가의 기분이 좋지 않았다.

　□ 나. 경찰관이 잠시 한눈을 팔았다.

　□ 다. 정확하게 측정기구를 사용하지 못했다.

　□ 라. 차량이 너무 빨라 측정을 못했다.

2 권위 있는 판단

　권위란 어떤 분야에서 많은 사람들보다 더 깊이 알고 있는 전문가가 가지는 힘을 의미합니다. 전문가는 사회가 인정하는 자격이 있으며 어떤 사건의 결론을 내릴 수 있는 전문기술이 있습니다. 하지만 전문기술과 특별한 경험을 가진 사람들의 말도 진실이라고 확실히 보장하지는 못합니다. 그저 그들의 판단이 믿을 만한 것뿐입니다. 실제로 권위 있는 의견에도 항상 실수나 누락이 있고 전문가들도 의견이 다를 수 있습니다. 그러므로 다음 방법으로 권위의 신뢰도를 확인할 수 있습니다.

❶ 전문가는 그 분야에서 얼마나 많은 지식과 전문기술을 가지고 있는가?

❷ 전문가는 사회에서 인정을 받으며 사람들의 존경을 받고 있는가?

❸ 전문가는 어떤 사건을 직접 관찰하거나 조사해서 자료를 얻었는가?

❹ 전문가는 외부의 영향을 받는가?

01 권위란 무엇을 의미하나요?

☐ 가. 많은 분야에서 어느 정도의 지식을 조금씩 알고 있는 사람의 힘

☐ 나. 어떤 분야에서 몇몇 사람들에 인기있는 사람의 영향력

☐ 다. 어떤 분야에서 많은 사람들보다 더 깊이 알고 있는 전문가가 가지는 힘

☐ 라. 많은 분야에서 인정받지 못하는 전문가가 가지는 힘

02 다음 중 전문가 또는 권위자는 누구인가요?(정답을 모두 고르세요)

☐ 가. 정신과 의사   ☐ 마. 컴퓨터 엔지니어

☐ 나. 건축가   ☐ 바. 회계사

☐ 다. 천문학자   ☐ 사. 의사협회

☐ 라. 수의사   ☐ 아. 변호사모임

03 땅의 종류를 판별하는 전문가는 누구인가요?

☐ 가. 생물학자

☐ 나. 경제학자

☐ 다. 천문학자

☐ 라. 지질학자

04 다음 중 권위에도 오류가 있을 수 있는 경우는 무엇인가요?

☐ 가. 과도한 음주로 폐암에 걸리는 가능성은 매우 낮다.

☐ 나. 지구는 우주의 중심이므로 모든 천체는 지구를 따라 돈다.

☐ 다. 물이 100도가 되면 수증기가 된다.

☐ 라. 인류가 공중에서 난다는 꿈은 영원히 이루지 못한다.

☐ 마. 대형 컴퓨터만 있으면 충분하다.

☐ 바. 복사기를 찾는 소비자가 없다.

05 똑같은 명성과 전문지식을 가진 전문가 두 명이 의견 차이를 보일 때 어떻게 해야 할까요?

□ 가. 그들의 의견을 믿지 않는다.

□ 나. 일반인의 의견을 구한다.

□ 다. 그들의 의견 중 부분만 믿는다.

□ 라. 그들의 이유와 근거에 따라 결정한다.

06 다음 중 전문가의 신뢰도에 영향을 주는 것은 무엇인가요?

□ 가. 전문가의 평범한 경험

□ 나. 전문가의 아내

□ 다. 전문가의 친구

□ 라. 전문가의 외모

□ 마. 사회가 인정한 자격

□ 바. 전문가의 전문기술

07 다음 중 권위적인 의견에 신뢰도를 높이는 정보수집 방법은 무엇인가요?

□ 가. 다른 사람이 내놓은 근거를 모방한다.

□ 나. 권위적인 잡지의 자료를 베낀다.

□ 다. 직접 보고 관찰한다.

□ 라. 주변인의 말을 듣는다.

3 연구조사

연구조사는 과학연구훈련을 받은 사람이 체계화된 방법으로 각종 데이터를 수집하는 것입니다. 과학적인 방법의 특징은 반드시 그 조사순서와 자료를 공개하고, 다른 연구자들이 같은 조사를 해도 같은 결과를 얻는 것입니다. 또 연구원들이 모든 연구대상을 조사할 수 없기 때문에 어떤 방법으로 부분대상을 선택(이 과정을 '샘플을 정한다'고 한다)해서 연구하고 전체를 대표하는 결론을 도출합니다. 연구대상을 부모님이라고 할 때 모든 부모를 조사할 수 없는 것과 같아요. 과학에서도 샘플을 정하는 방법이 있지만 다음에 제시된 몇 가지 중요한 사항을 주의하세요.

❶ 연구대상은 반드시 수가 많아야 한다.

❷ 연구대상은 다양해야 한다.

❸ 연구대상은 동등한 기회 아래 선택해야 한다.

마지막으로 우리는 반드시 전체적인 조사과정을 자세히 검사한 후에 조사결과를 받아들일지에 대해 결정해야 해요.

01 연구조사란 무엇인가요?

☐ 가. 통계연구훈련을 받은 사람이 체계화된 방법으로 데이터를 수집하는 것이다.

☐ 나. 시스템연구훈련을 받은 사람이 체계화된 방법으로 데이터를 수집하는 것이다.

☐ 다. 과학연구훈련을 받은 사람이 체계화된 방법으로 데이터를 수집하는 것이다.

☐ 라. 수학연구훈련을 받은 사람이 체계화된 방법으로 데이터를 수집하는 것이다.

02 위 문제의 결과는 어떤 특징이 있나요?

☐ 가. 다른 연구원들이 다른 조사를 진행해도 같은 결과를 얻는다.

☐ 나. 다른 연구원들이 같은 조사를 진행해도 다른 결과를 얻는다.

☐ 다. 다른 연구원들이 다른 조사를 진행해도 다른 결과를 얻는다.

☐ 라. 다른 연구원들이 같은 조사를 진행해도 같은 결과를 얻는다.

03 샘플을 정하는 방법은 무엇인가요?

    ☐ 가. 부분연구대상을 선택하는 것이다.

    ☐ 나. 부분연구대상을 삭제하는 것이다.

    ☐ 다. 전체연구대상을 선택하는 것이다.

    ☐ 라. 전체연구대상을 삭제하는 것이다.

04 연구조사의 신뢰도를 높이려면 무엇을 주의해야 하나요?(정답을 모두 고르세요)

    ☐ 가. 연구대상은 반드시 전문지식이 많아야 한다.

    ☐ 나. 연구대상은 반드시 주변 사람들 중에서 선택해야 한다.

    ☐ 다. 연구대상은 반드시 임의로 선택해야 한다.

    ☐ 라. 연구대상은 반드시 수량이 많아야 한다.

    ☐ 마. 연구대상은 반드시 다양해야 한다.

    ☐ 바. 연구대상은 반드시 동일한 특징을 가지고 있어야 한다.

05 부모의 이혼이 아이들에게 미치는 영향을 연구할 때 전체를 가장 대표하는 경우는 무엇인가요?

    ☐ 가. 이혼가정에서 자란 1명의 아이를 연구한다.

    ☐ 나. 이혼가정에서 자란 10명의 아이를 연구한다.

    ☐ 다. 이혼가정에서 자란 100명의 아이를 연구한다.

    ☐ 라. 이혼가정에서 자란 1000명의 아이를 연구한다.

06 시민들의 소비형태를 연구할 때 전체를 대표하는 경우는 무엇인가요?

    ☐ 가. 상점이 있는 거리부근에서 시민들에게 질문한다.

    ☐ 나. 건물 안의 상가에서 시민들에게 질문한다.

    ☐ 다. 공원부근에서 시민들에게 질문한다.

    ☐ 라. 각각 다른 지역에서 시민들에게 질문한다.

07 초등학생의 식습관을 연구할 때 전체를 대표하는 경우는 무엇인가요?

☐ 가. 초등학생을 임의로 선택해서 연구한다.

☐ 나. 뚱뚱한 초등학생을 임의로 선택해서 연구한다.

☐ 다. 키가 작은 초등학생을 임의로 선택해서 연구한다.

☐ 라. 키가 큰 초등학생을 임의로 선택해서 연구한다.

08 조사결과를 받아들일 때 어떤 순서를 거쳐 결정하나요?

☐ 가. 조사과정 일부를 자세하게 반복한다.

☐ 나. 조사과정 전체를 자세하게 반복한다.

☐ 다. 조사과정 전체를 자세하게 검사한다.

☐ 라. 조사과정 일부를 자세하게 검사한다.

09 다음 중 연구조사의 신뢰도에 영향을 줄 수 있는 것은 무엇인가요?

(정답을 모두 고르세요)

☐ 가. 조사자의 태도

☐ 나. 조사자와 응답자를 피로하게 하는 긴 조사

☐ 다. 응답자는 조사자의 관심을 끌길 바란다.

☐ 라. 조사자가 재정적 이익을 얻는다.

☐ 마. 조사문항이 편견적인 색채를 띠고 있다.

☐ 바. 조사대상이 사건의 진실을 숨기고 있다.

☐ 사. 조사문항의 단어표현

☐ 아. 조사자가 선호하는 가치관

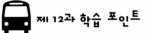

✓ 개인의 관찰이란 우리의 감각능력(시각, 청각, 후각, 미각, 촉각)으로 얻어
   낸 자료를 근거로 삼는 것이다.

✓ 권위는 어떤 분야에서 많은 사람들보다 더 깊이 알고 있으며 사회가 인
   정한 자격이 있는 전문가가 가지는 힘이다.

✓ 연구조사는 과학연구훈련을 받은 사람이 체계화된 방법을 통하여서 각
   종 데이터를 수집하는 것이다.

✓ 샘플을 정할 때 다음을 반드시 주의한다.

   ❶ 연구대상은 반드시 수가 많아야 한다.

   ❷ 연구대상은 다양해야 한다.

   ❸ 연구대상은 동등한 기회 아래 선택해야 한다.

13 | 오류를 찾아보자

나에게 설득당하지 말고 진실에 설득당해라

– 소크라테스

일반적으로 땅위의 발자국을 보고 어떤 동물인지 구별하듯 우리는 이미 알고 있는 사건으로 다른 사건을 추리합니다. 근거해석은 제시된 이유로 결론이 합리적인지 또는 받아들여도 되는지를 판단하는 것입니다.

1 오류란 무엇인가

오류(Fallacy)는 'fallacia' 라는 라틴어에서 유래한 말로 '속이다' 라는 뜻이에요. 잘못된 추리의 판단을 근거로 잘못된 판단을 하여 타당하지 못한 결론을 이끌어내는 것입니다. 타당하지 못한 것은 그 이유를 근거로 도출한 결론이 논리적이지 않아 받아들일 수 없는 것을 말합니다.

오류는 많은 종류가 있으며 각각 다른 이름으로 부릅니다. 예를 들어 흑백논리의 오류는 둘 중 하나를 선택해야 하는 것을 말합니다. 그러나 이러한 오류들은 사실인 것 같지만 사실과는 다릅니다. 그러므로 반드시 엄격하고 신중하게 화자와 필자의 사고단계를 검사해야 합니다.

01 추리란 무엇인가요?

□ 가. 알지 못하는 사건에서 찾은 이유

□ 나. 이미 알고 있는 사건에서 찾은 이유

□ 다. 이미 알고 있는 사건에서 찾은 결론

□ 라. 알지 못하는 사건에서 찾은 결론

02 오류는 라틴어로 어떤 뜻인가요?

□ 가. 타당하지 않다

□ 나. 정직하다

□ 다. 잘못하다

□ 라. 속이다

03 오류란 무엇인가요?

□ 가. 과거를 떠올릴 때의 잘못

□ 나. 잘못된 추리의 판단을 근거로 다른 판단을 이끌어낼 때의 잘못

□ 다. 자신의 상상으로 어떠한 상황을 예상할 때의 잘못

□ 라. 미래를 예측할 때의 잘못

04 오류의 특징은 무엇인가요?(정답을 모두 고르세요)

□ 가. 많은 유형이 있다.

□ 나. 아주 분명하다.

□ 다. 아주 희귀하다.

□ 라. 쉽게 볼 수 있다.

□ 마. 사실인 것처럼 보이지만 사실이 아니다.

□ 바. 쉽게 사라진다.

□ 사. 각기 다른 이름으로 불린다.

□ 아. 쉽게 발생하지 않는다.

05 오류를 발견하려면 어떻게 해야 하나요?

☐ 가. 엄격하고 신중하게 화자나 필자의 사고단계를 검사한다.

☐ 나. 엄격하고 신중하게 화자나 필자의 이해단계를 검사한다.

☐ 다. 엄격하고 신중하게 화자나 필자의 판별단계를 검사한다.

☐ 라. 엄격하고 신중하게 화자나 필자의 판단단계를 검사한다.

2 오류의 분류

기본적으로 오류는 많은 분류방법이 있어요.

❶ 불일치한다.

의견이 모순이거나, 자신의 입장을 번복, 자신의 글을 부정하는 것을 말해요.

❷ 관계없다.

이유와 결론이 서로 전혀 관계 없는 것을 말해요.

❸ 충분하지 않다.

제시한 이유가 충분하지 않고 결론을 지지하지 못하는 것을 말해요.

❹ 검증하기도 전에 타당하지 않은 선입견을 갖는다.

적합하지 않은 가정으로 결론과 이유를 뒷받침하는 것을 말해요.

다음 문장들이 어떤 오류에 속하는지 찾으세요.

01 새로 나온 장난감을 내 아들이 좋아하는 걸 봐서 다른 아이들도 모두 좋아할 거라고 확신해.

☐ 가. 불일치한다.

☐ 나. 관계없다.

☐ 다. 충분하지 않다.

☐ 라. 검증하기도 전에 타당하지 않은 선입견을 갖는다.

02 흡연자인 그에게 무엇을 바라겠습니까?

   □ 가. 불일치한다.

   □ 나. 관계없다.

   □ 다. 충분하지 않다.

   □ 라. 검증하기도 전에 타당하지 않은 선입견을 갖는다.

03 낮은 품질의 물건에 대해서 어떤 평가도 내리기 싫다.

   □ 가. 불일치한다.

   □ 나. 관계없다.

   □ 다. 충분하지 않다.

   □ 라. 검증하기도 전에 타당하지 않은 선입견을 갖는다.

04 네 농구실력이 형편없는데 무엇을 근거로 대학농구팀을 평가했니?

   □ 가. 불일치한다.

   □ 나. 관계없다.

   □ 다. 충분하지 않다.

   □ 라. 검증하기도 전에 타당하지 않은 선입견을 갖는다.

05 세상에 절대적인 진리는 없다.

   □ 가. 불일치한다.

   □ 나. 관계없다.

   □ 다. 충분하지 않다.

   □ 라. 검증하기도 전에 타당하지 않은 선입견을 갖는다.

06 아이들을 가르치는 것은 교사와 부모의 책임이지 않습니까?

    □ 가. 불일치한다.

    □ 나. 관계없다.

    □ 다. 충분하지 않다.

    □ 라. 검증하기도 전에 타당하지 않은 선입견을 갖는다.

3 오류 찾기

다양한 오류의 명칭을 확실히 알아두면 자신의 오류를 쉽게 발견할 수 있고 다른 사람과 의사소통이 수월해질 것입니다. 그러나 오류의 종류는 셀 수 없이 많아서 결코 모든 오류를 파악할 수 없습니다. 그러므로 근거를 해석할 때 항상 결론을 중심에 두고 자신에게 '이러한 이유와 가정은 모두 합당한가'를 물어서 잘못된 부분을 분명히 해야 합니다. 따라서 오류를 찾으면 그 추리를 무조건 받아들여서는 안 됩니다. 일단 오류를 찾는 습관을 기르면 대부분의 오류를 찾을 수 있습니다.

다음 문장에서 주된 '오류'의 이유를 찾으세요.

01 지금까지 우리는 에이즈의 원인을 찾지 못했습니다. 그렇다면 이것은 하나님이 내린 벌인가요?

    □ 가. 어떤 일은 아예 그 원인이 없다.

    □ 나. 하나님은 사람들을 벌할 수 없다.

    □ 다. 원인을 모른다는 것이 원인이 없다는 것을 대표하지 않는다.

    □ 라. 하나님이 사람들을 벌할 수 있다고 얘기할 수 있는 근거가 없다.

02 사람의 피부는 마치 지구의 땅과 같다. 만약 땅에 수분이 없다면 똑같이 균열현상이 나타날 것이다.

    □ 가. 사람들의 피부에 물을 뿌릴 필요가 없다.

    □ 나. 사람들은 끓인 물로 수분을 보충한다.

    □ 다. 피부가 건조해지는 데에는 많은 이유가 있다.

    □ 라. 땅과 피부의 구조는 다르다.

03 만약 동성연애를 합법화한다면 이성연애를 지지하지 않는 것과 같다.

    □ 가. 동성연애의 합법화는 동성연애를 인정하지 않는 것을 나타낸다.

    □ 나. 동생연애의 합법화는 동성연애자들을 차별대우하지 않는 것을 나타낸다.

    □ 다. 동생연애의 합법화는 이성연애를 인정하지 않는 것을 나타낸다.

    □ 라. 동생연애의 합법화는 개인의 선호를 나타낸다.

04 만약 담배광고를 금지한다면 많은 회사들이 판매광고를 할 수 없게 됩니다. 왜냐하면 그것들은 건강에 해를 끼치기 때문입니다.

    □ 가. 담배가 건강을 해친다고 가정할 수 없다.

    □ 나. 흡연자들이 담배광고의 영향을 받아서 담배를 구매한다고 가정할 수 없다.

    □ 다. 정부는 이러한 상품이 건강을 해친다는 판단을 내릴 수 있는 완벽한 제도가 없다고 가정할 수 없다.

    □ 라. 많은 상품들이 건강을 해친다고 가정할 수 없다.

05 유행하는 상품이 좋은 것이다.

    □ 가. 일반대중은 항상 어떤 상품을 충분히 연구하지 않고 결론을 내린다.

    □ 나. 일반대중은 항상 충분한 지식으로 사건의 진실을 이해한다.

    □ 다. 일반대중은 항상 자신의 방법으로 일을 처리한다.

    □ 라. 일반대중은 다른 사람과 상의해서 결정을 내릴 수 없다.

06 아름다운 여자 연예인이 사용하는 브랜드의 화장품이 반드시 좋은 화장품이다.

□ 가. 아름다운 여자 연예인은 다른 여자 연예인이 동일한 브랜드의 화장품을 사용하는 것을 대표하지 않는다.

□ 나. 아름다운 여자 연예인이 화장품의 장단점을 많이 알고 있는 것을 대표하지 않는다.

□ 다. 아름다운 여자 연예인의 기호는 모든 여성의 기호를 대표한다.

□ 라. 아름다운 여자 연예인은 다른 브랜드의 화장품을 사용하지 않는다고 대표하지 않는다.

07 개인의 약물남용이 사회에 아무런 해를 끼치지 않는다면 정부는 시민들의 약물 구매를 제한하지 않아도 되나요?

□ 가. 개인의 약물남용이 사회에 미치는 영향은 보잘것없지만 집단 약물남용 행위는 사회에 무해하다고 할 수 없다.

□ 나. 개인의 약물남용이 사회에 미치는 영향은 보잘것없지만 가족들의 부담은 증가할 수 있다.

□ 다. 개인의 약물남용이 사회에 미치는 영향은 보잘것없지만 사람들이 이러한 자유를 가지고 있다고 표현하지 않았다.

□ 라. 개인의 약물남용이 사회에 미치는 영향은 보잘것없지만 정부의 부담은 증가한다.

08 시민들의 이익을 보호하기 위해서 매체가 연예인의 사생활을 폭로하는 것은 그 (그녀)의 프라이버시를 침해한 것이 아닙니다.

□ 가. 연예인의 사생활을 폭로하는 것은 정부관원의 이익이 아니다.

□ 나. 연예인의 사생활을 폭로하는 것은 시민들의 이익이 아니다.

□ 다. 연예인의 사생활을 폭로하는 것은 단지 주간잡지의 이익일 뿐이다.

□ 라. 연예인의 사생활을 폭로하는 것은 단지 뉴스기자의 이익일 뿐이다.

09 우리 회사의 고용계약은 매우 공평합니다. 그렇지 않으면 직원이 이 계약에 서명하겠습니까?

　　□ 가. 공평의 자세한 정의가 없다.

　　□ 나. 절대적으로 공평한 계약은 존재할 수 없다.

　　□ 다. 직원은 계약의 내용을 잘 이해하지 못했다.

　　□ 라. 근거를 가지고 계약이 공평한 것인지 증명하지 않았다.

10 다음 세대를 가르쳐야 하는 임무를 위해 부모는 반드시 그와 관련된 교육과정을 공부해서 자신의 수준을 높여야 합니다.

　　□ 가. 관련된 교육과정을 공부하는 것은 부모의 경제부담을 가중시킨다.

　　□ 나. 다음 세대를 위한 교육은 부모가 반드시 책임져야 하는 것이다.

　　□ 다. 다음 세대를 가르치는 것이 관련된 교육과정을 반드시 공부해야 하는 이유는 아니다.

　　□ 라. 교육과정을 공부하는 것이 부모들의 수준을 반드시 높여주는 것은 아니다.

11 아이들이 보는 프로그램의 광고는 관리하지 않아도 됩니다. 왜냐하면 만약 광고가 사실과 다르다면 부모가 바로 텔레비전을 끄거나 채널을 돌리기 때문입니다.

　　□ 가. 아이들 프로그램에 판매광고를 내는 모든 기업은 반드시 진실을 방영해야 한다.

　　□ 나. 방속국은 책임지고 아이들 프로그램의 방영되는 광고가 사실과 부합하도록 확실히 해야 한다.

　　□ 다. 자녀들이 어떤 텔레비전 프로그램을 보는지 모든 부모가 관리한다고 가정할 수 없다.

　　□ 라. 모든 아이들 프로그램의 광고가 모두 사실과 부합하지 않는다고 가정할 수 없다.

12 그에게는 과감함, 자신감, 강직함이 있기 때문에 그를 선출하는 것은 우리나라가 강대하고 번영하게 나아가는 것과 같다.

□ 가. 실질적인 근거로 그가 좋은 인품을 가지고 있다는 것을 증명하지 못한다.

□ 나. 과감함, 자신감, 강인함은 우리나라가 강대하고 번영하게 나아가기에 부족하다.

□ 다. 그의 인품이 어떻게 만들어진 것인지 설명이 부족하다.

□ 라. 사람은 동시에 이러한 좋은 인품을 가질 수 없다.

 제 13과 학습 포인트

✓ 근거를 해석하는 것은 제시된 이유로 결론이 합리적인지 아닌지를 판단하는 것이고 또는 받아들이는 것을 가늠해보는 것이다.

✓ 오류(Fallacy)는 잘못된 추리의 판단을 근거로 잘못된 판단을 하여 타당하지 못한 결론을 이끌어내는 것이다.

✓ 오류의 분류

❶ 일치하지 않는다.

❷ 관계없다.

❸ 충분하지 않다.

❹ 타당하지 않게 검증하기도 전에 선입견을 갖는다.

✓ 오류를 찾을 때 우리는 항상 결론을 그 중심에 두고 자신에게 '이유나 가설이 타당한가'를 물어봐야 한다.

14 | 원인을 찾아보자

오류를 찾는 것은 진리를 찾는 것보다 훨씬 쉽다. 오류라는 것은 표면에 떠있기 때문에 단번에 찾아낼 수 있다.

—괴테

어떤 일의 발생원인을 찾는 것은 어렵습니다. 같은 증거를 다르게 해석할 수 있으며 관련있는 증거만 주의하기 때문입니다. 따라서 이유가 분명하게 드러나지 않는 경우에는 스파이처럼 잘 찾아내야 합니다.

1 진정한 원인

원인(Cause)은 사건이 왜 발생했는지 설명할 때 쓰입니다. 하지만 사람들은 세상을 단순하게 판단하는 경향이 있어요. 만약 어떤 사람이 지각하면 그 사람은 일을 질질 끄는 사람이라고 단정해버리죠. 또 자신에게 유리한 증거만 보려고 합니다. 담배를 펴도 오래사는 흡연자나 건강한 흡연자의 예를 드는 것처럼 말이죠. 사건의 진정한 원인을 찾으려면 반드시 '다른 원인이 이 사건을 발생시키지 않는지'를 물어봐야 합니다. 그리고 화자나 필자의 설명을 보지 않아도 스스로 다른 합리적인 해석을 내릴 수 있는지도 따져봐야 합니다.

01 어떤 일의 발생원인을 찾는 것은 왜 어렵나요?(정답을 모두 고르세요)

☐ 가. 보통 이유가 분명하게 드러나지 않기 때문이다.

☐ 나. 다른 사람이 선호하는 근거만 주의하기 때문이다.

☐ 다. 같은 근거를 다른 방식으로 해석할 수 있기 때문이다.

☐ 라. 다른 근거를 같은 방식으로 해석할 수 있기 때문이다.

☐ 마. 자신에게 유리한 증거만 보기 때문이다.

☐ 바. 많은 근거는 하나의 결론만 내릴 수 있기 때문이다.

02 원인이란 무엇인가요?

☐ 가. 어떤 사건의 계획

☐ 나. 어떤 사건이 발생시키는 문제

☐ 다. 어떤 사건의 단계

☐ 라. 어떤 사건이 왜 발생했는지에 대한 설명

03 사건의 진정한 원인을 찾으려면 어떻게 해야 하나요?(정답을 모두 고르세요)

☐ 가. 화자와 필자의 해석을 보지 않아도 사건을 설명할 수 있어야 한다.

☐ 나. 근거를 분석해서 분명하지 않은 부분을 찾는다.

☐ 다. 자신을 화자나 필자라고 생각하고 사건을 해석한다.

☐ 라. 모든 근거에 문제가 있는지 연구한다.

☐ 마. 화자와 필자가 근거를 설명할 때 중요한 자료를 빠트리지는 않았는지를 찾아본다.

☐ 바. 다른 원인으로 이 사건을 발생시킬 수 있는지 자신에게 물어본다.

04 다음 중 자동차가 움직이지 않는 원인은 무엇인가요?

☐ 가. 차 문이 움푹 들어갔다.

☐ 나. 타이어에 공기가 빠졌다.

☐ 다. 헤드라이트가 망가졌다.

☐ 라. 엔진이 고장났다.

☐ 마. 좌석이 망가졌다.

☐ 바. 전력이 끊어졌다.

☐ 사. 기름이 없다.

☐ 아. 탑승자가 너무 많다.

05 다음 중 학생의 학업성적이 떨어지는 원인은 무엇인가요?

☐ 가. 개인의 나태함

☐ 나. 가정의 불화

☐ 다. 부모의 이혼

☐ 라. 공부를 좋아하지 않는다.

☐ 마. 몸이 좋지 않다.

☐ 바. 학업분위기가 나쁘다.

06 일반적으로 인생의 중요한 목표를 이루게 하는 진정한 원인은 무엇인가요?

☐ 가. 친구의 도움

☐ 나. 개인의 운

☐ 다. 끊임없는 노력

☐ 라. 하늘의 도움

07 아침을 먹는 사람이 아침을 먹지 않는 사람보다 더 건강한 진정한 원인은 무엇

인가요?(정답을 모두 고르세요)

　　☐ 가. 아침을 먹지 않는 사람은 위장병이 생겨 스트레스를 받는다.

　　☐ 나. 아침을 먹지 않는 사람은 사회의 큰일에 대해 더 많이 신경을 쓴다.

　　☐ 다. 아침을 먹지 않는 사람은 늦잠을 자기 때문에 신체상태가 좋지 않다.

　　☐ 라. 아침을 먹는 사람은 자신의 건강에 관심을 가진다.

　　☐ 마. 아침을 먹는 사람은 텔레비전을 많이 시청한다.

　　☐ 바. 아침을 먹는 사람은 항상 운동한다.

2 공통원인

　사람들이 많이 실수하는 것 중 하나는 바로 어떤 사건에 대해서 간단하고 단일한 원인을 찾는 것입니다. 실제로 많은 사건들은 많은 원인이 종합적으로 만들어낸 결과입니다. 하나의 원인은 어떤 사건을 발생하는 데 도와줄 뿐이죠. 복잡한 인간 사회에서 하나의 원인은 많은 원인 중 하나이지 유일한 원인은 아닙니다.

01 공통원인은 무엇인가요?

　　☐ 가. 많은 원인이 하나의 사건을 명확하게 한다.

　　☐ 나. 많은 원인이 하나의 사건을 발생시킨다.

　　☐ 다. 많은 원인이 하나의 사건을 간단하게 한다.

　　☐ 라. 많은 원인이 하나의 사건을 없어지게 한다.

02 'X'가 사건의 원인 중 하나라면 다음 추론 중 옳은 것은 무엇인가요?

　　☐ 가. X가 나타나면 사건은 반드시 해결된다.

　　☐ 나. X는 이 사건의 결과이다.

　　☐ 다. X는 이 사건의 유일한 원인이다.

　　☐ 라. X가 나타나면 이 사건도 나타날 수 있다.

03 다음 중 비교적 많은 원인을 가지고 있는 것은 무엇인가요?

　　□ 가. 인간사회

　　□ 나. 기계고장

　　□ 다. 과학현상

　　□ 라. 질병감염

04 다음 중 어떤 아이가 폭력적인 성향을 띠게 되는 공통원인은 무엇인가요?

　　(정답을 모두 고르세요)

　　□ 가. TV의 폭력장면

　　□ 나. 유전

　　□ 다. 사회문화

　　□ 라. 부모들의 무관심

　　□ 마. 장난감

　　□ 바. 친구의 영향

　　□ 사. 성장과정

　　□ 아. 불량서적

05 다음 중 몸이 건강해지는 공통원인은 무엇인가요?(정답을 모두 고르세요)

　　□ 가. 균형잡힌 식습관을 갖는다.

　　□ 나. 나쁜 습관을 고친다.

　　□ 다. 마음을 편안하게 한다.

　　□ 라. 충분히 잠을 잔다.

　　□ 마. 열심히 공부한다.

　　□ 바. 자주 운동한다.

3 인과관계

사람들이 자주 실수하는 것 중 또 다른 하나는 서로 관계있거나 함께 나타나는 A와 B라는 사건에 대해서 A가 B를(또는 B가 A를) 만들어냈다고 쉽게 판단하는 것입니다. 이런 경우 두 사건은 관계가 있는 것이지 원인과 결과의 관계는 아닙니다. 게임기와 학업성적의 관계를 보면 게임기 때문에 성적이 떨어졌다고 생각할 수 있어요. 하지만 이러한 추리방식은 완전히 틀린 것입니다. 관련성과 인과관계는 다르기 때문입니다. 또 관련성 때문에 '사후오류'라는 실수를 쉽게 범합니다. 어떤 사건이 다른 사건 이후에 발생했다고 해서 무조건 인과관계라고 증명할 수는 없습니다. 그저 우연히 그렇게 된 것일 수도 있거든요.

01 인과관계란 무엇인가요?

☐ 가. 원인이 발생한 후에 결과가 따라서 발생하는 것

☐ 나. 결과가 발생한 후에 원인이 따라서 발생하는 것

☐ 다. 원인이 발생한 후에 결과가 발생하지 않는 것

☐ 라. 결과가 발생한 후에 원인이 발생하지 않는 것

02 기분이 나쁜 것과 건강이 좋지 않은 것의 관계를 어떻게 설명할 수 있나요?

(정답을 모두 고르세요)

☐ 가. 기분이 나빠 건강이 좋지 않게 되고 또 이것은 다시 기분이 더 나쁘도록 한다.

☐ 나. 나쁜 습관이 기분이 나쁜 것과 건강이 좋지 않은 것, 이 두 가지를 동시에 일으킨다.

☐ 다. 기분이 나쁜 것과 건강이 좋지 않은 것은 전혀 관계가 없다.

☐ 라. 기분이 나쁘면 건강이 좋아질 수 있다.

☐ 마. 기분이 나쁘면 확실히 몸의 건강을 해칠 수 있다.

☐ 바. 건강이 좋지 않은 것은 기분을 나쁘게 만들 수 있다.

03 02 문제에서 어떤 점을 발견할 수 있나요?

☐ 가. 인과관계와 관련성은 동시에 나타날 수 없다.

☐ 나. 인과관계가 있는 것은 관련성이 있는 것을 증명하지 못한다.

☐ 다. 관련성은 인과관계가 있다고 증명하지 못한다.

☐ 라. 관련성은 반드시 인과관계가 있다고 증명할 수 있다.

04 '사후오류'란 무엇인가요?

☐ 가. 사건 B가 사건A 전에 나타났으므로 B는 A가 발생시킨 것으로 여긴다.

☐ 나. 사건 B가 사건A 후에 나타났으므로 B는 A가 발생시킨 것으로 여긴다.

☐ 다. 사건 B가 사건A 후에 나타났으므로 A는 B가 발생시킨 것으로 여긴다.

☐ 라. 사건 A가 사건B 전에 나타났으므로 B는 A가 발생시킨 것으로 여긴다.

05 '사후오류'에서 나타난 인과관계를 왜 믿게 되나요?

☐ 가. 진보적인 생각 때문에

☐ 나. 현상을 맹목적으로 믿기 때문에

☐ 다. 많은 질문 때문에

☐ 라. 관습 때문에

06 다음 중 '사후오류'의 예는 무엇인가요?

☐ 가. 매일 과일을 먹으면 몸이 건강해진다.

☐ 나. 동생이 태어난 후 집에 좋은 일이 생겼다.

☐ 다. 검은 고양이를 보고 기분이 나빠졌다.

☐ 라. 축구팀이 유니폼을 빨간색으로 바꾸자 계속 승리했다.

☐ 마. 엔진을 고치니 차가 잘 움직인다.

☐ 바. 검정색 볼펜으로 시험을 봐야 점수가 좋다.

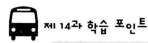 제 14과 학습 포인트

✓ 원인을 생각할 때 쉽게 범하는 실수

　❶ 하나의 원인만 생각한다.

　❷ 선호하는 근거만을 남긴다.

✓ 진정한 원인을 찾는 방법

　❶ '다른 원인이 이 사건을 발생시키지는 않는지'를 묻는다.

　❷ 화자나 필자의 설명을 보지 않았다고 여기고 사건을 해석한다.

✓ 어떤 사건은 많은 원인이 하나가 되어 발생하기도 한다.

✓ 관련성은 인과관계를 증명하지 못한다.

✓ 한 사건이 다른 사건 뒤에 발생했다고 이 두 사건이 인과관계라고 증명
할 수 없다.

15 | 결론을 평가하라

모든 사람들은 진리가 자신의 곁에 있기를 원한다. 그러나 모든 사람이 진리의 곁에 있길 간절히 원하는 것은 아니다.

－에머슨

일반적으로 글에서 하나의 결론을 추리하는 것은 매우 보기 드문 일입니다. 그러므로 반드시 결론을 평가하여 가장 합리적이고 자신이 선호하는 가치관에 가장 잘 부합하는 결론을 찾아야 합니다.

1 합리적인 결론

사람들은 선호하는 가치관, 성장배경, 학문지식, 문화수준이 서로 다릅니다. 같은 현상에 대해서도 다른 가설과 다른 방법으로 이유를 해석할 수 있습니다. 같은 이유가 다른 결론을 내기도 하고 이상적인 결론을 위해서 논쟁을 벌이기도 합니다. 그러므로 반드시 창의적인 방법으로 대체결론을 찾아 가장 좋은 결론을 내려야 합니다.

01 결론을 평가하는 것은 무엇인가요?

□ 가. 가장 흥미있고 자신이 선호하는 가치관에 잘 부합하는 결론을 찾는다.

□ 나. 가장 쓸모있고 자신이 선호하는 가치관에 잘 부합하는 결론을 찾는다.

□ 다. 가장 합리적이고 자신이 선호하는 가치관에 잘 부합하는 결론을 찾는다.

□ 라. 가장 파격적이고 자신이 선호하는 가치관에 잘 부합하는 결론을 찾는다.

02 일반적으로 결론을 내릴 때 자주 볼 수 있는 상황은 무엇인가요?

□ 가. 같은 이유로 같은 결론을 내린다.

□ 나. 다른 이유로 비슷한 결론을 내린다.

□ 다. 다른 이유로 같은 결론을 내린다.

□ 라. 같은 이유로 다른 결론을 내린다.

03 위 문제에서 우리가 결론을 내릴 때 영향을 주는 요인은 무엇인가요?

(정답을 모두 고르세요)

□ 가. 성장배경

□ 나. 선호하는 가치관

□ 다. 학문지식

□ 라. 생활습관

□ 마. 문화수준

□ 바. 개인의 흥미

04 어떤 방법으로 대체결론을 찾을 수 있나요?

□ 가. 의사소통

□ 나. 판단

□ 다. 창의

□ 라. 분석

2 결론을 방해하는 사고

　문제를 해결할 때 대부분 간단히 '예' 혹은 '아니오'로만 대답할 수 없습니다. 또 다른 기타 가능성을 완전히 무시할 수도 없습니다. 이런 '예, 아니오' 그리고 '옳다, 그르다'는 판단은 이분법적인 사고입니다. 이 사고는 복잡한 상황을 과도하게 줄여 시야를 제한하는 단점이 있습니다. 많은 선택을 두고 가능성을 생각하지도 않습니다. 이러한 경직된 생각을 깨려면 반드시 결론을 글의 맥락에 놓고 토론해야 합니다. 그렇기 때문에 하나의 글은 두 개가 아닌 여러 가지 결론을 가질 수 있습니다.

01 다음 중 이분법적인 사고의 특징은 무엇인가요?(정답을 모두 고르세요)

　　☐ 가. 옳고 그름이 없다.

　　☐ 나. 흑이 아니면 백이다.

　　☐ 다. 맞거나 틀리거나

　　☐ 라. 두 가지 중에 선택

　　☐ 마. 예 또는 아니요

　　☐ 바. 잘났거나 못났거나

02 이분법적인 사고의 단점은 무엇인가요?(정답을 모두 고르세요)

　　☐ 가. 다른 가능성들을 무시한다.

　　☐ 나. 우리의 시야와 견문을 넓힌다.

　　☐ 다. 다른 가능성을 자세히 검토한다.

　　☐ 라. 복잡한 상황을 과도하게 줄인다.

　　☐ 마. 간단한 상황을 복잡하게 만든다.

　　☐ 바. 우리의 시야와 견문을 제한한다.

03 이분법적인 사고의 제한을 깨려면 어떻게 해야 하나요?

  □ 가. 의제를 글의 맥락에 놓고 토론한다.

  □ 나. 이유를 글의 맥락에 놓고 토론한다.

  □ 다. 근거를 글의 맥락에 놓고 토론한다.

  □ 라. 결론을 글의 맥락에 놓고 토론한다.

04 정직은 사람의 훌륭한 인품과 덕성이지만 어쩔 수 없이 거짓말 하는 상황은 다음 중 언제인가요?

  □ 가. 사회의 공익을 유지해야 할 때

  □ 나. 다른 사람의 프라이버시를 캐낼 때

  □ 다. 자신의 안전을 보호할 때

  □ 라. 자신이 큰 이익을 얻을 때

  □ 마. 다른 사람과 좋은 관계를 유지해야 할 때

  □ 바. 다른 사람이 다치지 않도록 예방할 때

05 적대관계인 친구를 용서하여 우호관계로 바꿀 수는 있지만 용서할 수 없는 상황은 다음 중 무엇인가요?(정답을 모두 고르세요)

  □ 가. 몇 번이고 타일러도 고치지 않는 것

  □ 나. 하찮은 것

  □ 다. 날카롭게 맞서는 것

  □ 라. 법을 위반하는 것

  □ 마. 위험이 발생하는 것

  □ 바. 태도가 난폭하고 무리하게 구는 것

06 자신의 목표를 달성하기 위해 끝까지 노력하면 어떤 장애도 극복할 수 있지만 손해를 입는 상황은 다음 중 무엇인가요?

　□ 가. 험한 인생길을 계속 걸어가는 것

　□ 나. 똑바르게 곧은 인생길을 계속 걸어가는 것

　□ 다. 어려운 인생길을 계속 걸어가는 것

　□ 라. 잘못된 인생길을 계속 걸어가는 것

3 많은 결론 찾기

　여러 글을 자세히 검토해보면 많은 결론의 충분한 원인을 발견할 수 있고 글에서 서로 다른 가설과 정의가 존재하는 것을 알 수 있습니다. 그러므로 '만약에'라는 서로 다른 조건 아래서 특정한 결론을 얻을 수 있어요. '만약에'라는 말은 서로 다른 특정한 주장과 가정 아래서 많은 결론들을 얻을 수 있게 합니다.

01 다음 중 더 많은 결론을 찾게 도와주는 단어는 무엇인가요?

　□ 가. 그러므로

　□ 나. 만약에

　□ 다. 혹은

　□ 라. 왜냐하면

02 위 문제의 단어가 많은 결론을 찾도록 어떻게 도와주나요?

　□ 가. 반대되는 상황의 조건을 생각하도록 한다.

　□ 나. 다른 상황의 조건을 생각하도록 한다.

　□ 다. 같은 상황의 조건을 생각하도록 한다.

　□ 라. 유사한 상황의 조건을 생각하도록 한다.

03 많은 결론을 찾는 것은 우리에게 어떤 좋은 점을 주나요?

　□ 가. 너무 빨리 결론을 선정하는 것을 방지한다.

　□ 나. 너무 늦게 결론을 선정하는 것을 방지한다.

　□ 다. 결론을 찾지 못하는 것을 방지한다.

　□ 라. 복잡하게 결론을 선정하는 것을 방지한다.

04 만약 수강생들이 강의에 적극적으로 참여하고 개인의견을 표현하는 것이 강의 목표라면 다음 중 어떤 방법이 적합한가요?

　□ 가. 선생님의 설명을 잘 듣게 한다.

　□ 나. 교육용 게임을 사용한다.

　□ 다. 학생들이 서로 토론하게 한다.

　□ 라. 교육 텔레비전을 시청하게 한다.

05 만약 공부에 대한 흥미를 높이고 학생들이 집중해서 공부하게 만드는 것이 강의 목표라면 다음 중 어떤 방법이 적합한가요?

　□ 가. 선생님의 설명을 잘 듣게 한다.

　□ 나. 교육용 게임을 사용한다.

　□ 다. 학생들이 서로 토론하게 한다.

　□ 라. 교육 텔레비전을 시청하게 한다.

06 만약 많은 학생들이 함께 공부하고, 참고 용서하도록 하는 것을 연구하는 목표가 있다면 다음 중 구성원 배치방법이 적합한 것은 무엇인가요?

　□ 가. 배경과 습관이 같은 학생들을 한 팀으로 한다.

　□ 나. 능력과 개성이 서로 다른 학생들을 한 팀으로 한다.

　□ 다. 능력과 개성이 같은 학생들을 한 팀으로 한다.

　□ 라. 성별과 나이가 서로 다른 학생들을 두 팀으로 나눈다.

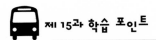
제 15과 학습 포인트

✓ 결론을 평가하는 것은 가장 합리적이고 자신이 선호하는 가치관에 부합
   하는 결론을 찾는 것이다.
✓ 같은 이유가 다른 결론을 내기도 한다.
✓ 이분법적인 사고는 단지 '예, 아니요', '옳다, 그르다'로 문제를 생각하
   는 것이다.
✓ 결론은 어떤 조건 아래서 가장 좋은 답안이다.
✓ '만약에'라는 단어는 서로 다른 특정한 주장과 가정에서 많은 결론을
   찾아내게 한다.

결론을 확정하라

한 번의 실수를 부정하는 것은 두 번의 실수를 하는 것과 같다.

결론을 평가하는 것은 비판적인 사고의 가장 마지막 단계이고 도출한 결론은 화자나 필자의 주장, 건의, 설명 또는 결정입니다.

1 결론 확정하기

우리는 앞에서 비판 사고의 단계별 방법을 배웠습니다. 이 단계들은 기술적으로 추리하고 결론을 도출하게 합니다. 이 단계들을 비판 사고의 공식에 적용할 수 있습니다. 공식은 두 가지 부분으로 나누어집니다. 첫 번째 부분은 다른 사람이 도대체 무엇을 말하고 무엇을 주장하는지 이해하도록 돕는 '분석'입니다. 그리고 두번째 부분은 그러한 결과를 받아들일지를 결정하도록 돕는 '평가'입니다. 전체 추리과정에서 우리는 반드시 이 두 부분을 계속 오고가야 합니다. 결론을 평가할 때 근거가 부족하다면 다시 분석으로 돌아가 더 많은 근거를 찾아야 합니다. 마지막으로 글에서 결론을 내리면 반드시 다음 두 조건에 부합하는지 따져봐야 합니다.

❶ 기본 이유와 숨겨진 가설은 반드시 진실이거나 믿을 수 있는 것이어야 한다.

❷ 모든 추리는 논리상으로 정확해야 하고 오류가 없어야 한다.

01 다음 중 결론의 예는 무엇인가요?(정답을 모두 고르세요)

☐ 가. 그러므로 나는 그의 건의를 받아들일 수 있다.

☐ 나. 이것은 정교한 필통이다.

☐ 다. 늦잠은 비만을 일으키는 원인이다.

☐ 라. 너는 결국 전학해야 한다.

☐ 마. 나는 그를 절대 믿지 않기로 결정했다.

☐ 바. 우리는 집중해서 선생님의 가르침을 들어야 한다.

☐ 사. 그러므로 그는 분명히 거짓말을 한 것이다.

☐ 아. 우리는 반드시 담배판매를 금지해야 한다.

02 글을 분석하는 것은 무엇인가요?

☐ 가. 화자나 필자가 무엇을 배우고 무엇을 판단하는지 이해하는 것이다.

☐ 나. 화자나 필자가 무엇을 생각하고 무엇을 분석하는지 이해하는 것이다.

☐ 다. 화자나 필자가 무엇을 말하고 무엇을 주장하는지 이해하는 것이다.

☐ 라. 화자나 필자가 무엇을 좋아하고 무엇을 완성하는지 이해하는 것이다.

03 글을 평가하는 것은 무엇인가요?

☐ 가. 화자나 필자의 결정을 받아들일지 결정하는 것이다.

☐ 나. 화자나 필자의 건의를 받아들일지 결정하는 것이다.

☐ 다. 화자나 필자의 근거를 받아들일지 결정하는 것이다.

☐ 라. 화자나 필자의 결론을 받아들일지 결정하는 것이다.

04 '분석'과 '평가'를 어떻게 이용해서 추리하나요?

☐ 가. 먼저 '분석'을 사용한 후에 '평가'를 사용한다.

☐ 나. 먼저 '평가'를 사용한 후에 '분석'을 사용한다.

☐ 다. '평가'와 '분석' 중 하나만 사용한다.

☐ 라. '분석'과 '평가'를 오가며 사용한다.

05 다음 중 어떤 조건에 부합해야 글에서 결론을 도출할 수 있나요?

(정답을 모두 고르세요)

☐ 가. 글에 오류가 없어야 한다.

☐ 나. 글에 숨겨진 신념이 없어야 한다.

☐ 다. 기본 이유는 진실이거나 믿을 수 있는 것이어야 한다.

☐ 라. 숨겨진 가설은 진실이거나 믿을 수 있는 것이어야 한다.

☐ 마. 모든 추론은 문법상으로 정확해야 한다.

☐ 바. 모든 추론은 논리상으로 정확해야 한다.

06 다음의 비판 사고단계가 비판 사고 공식의 어느 부분에 속하는지 고르세요.

1) 글의 의제를 확정한다.

☐ 가. 분석　　　☐ 나. 평가

2) 글의 결론을 찾는다.

☐ 가. 분석　　　☐ 나. 평가

3) 글의 이유를 찾는다.

☐ 가. 분석　　　☐ 나. 평가

4) 글의 의미를 정리한다.

☐ 가. 분석　　　☐ 나. 평가

5) 글의 가설을 찾아낸다.

　　☐ 가. 분석　　　　☐ 나. 평가

6) 증거의 신뢰도를 따진다.

　　☐ 가. 분석　　　　☐ 나. 평가

7) 글의 오류를 찾는다.

　　☐ 가. 분석　　　　☐ 나. 평가

8) 사건발생의 원인을 찾는다.

　　☐ 가. 분석　　　　☐ 나. 평가

9) 글의 결론을 내린다.

　　☐ 가. 분석　　　　☐ 나. 평가

10) 합리적인 결론을 찾는다.

　　☐ 가. 분석　　　　☐ 나. 평가

2 종합연습 : 다음 글을 자세히 읽고 질문에 답하세요.

　수중모터사이클은 속도가 빠르고 배가 갈 수 없는 곳까지 운행할 수 있기 때문에 젊은 사람들에게 환영받고 있습니다. 하지만 뗏목에 있던 두 명의 여성이 수중모터사이클에 부딪혀 사망하거나 수중모터사이클의 운전자끼리 부딪히는 의외의 사고를 당할 수 있습니다. 조사결과 많은 수중모터사이클의 운전자가 경험이 부족하고 운전법을 완전히 이해하지 못해서 이러한 사고가 생긴다고 밝혀졌습니다. 또 수중모터사이클의 소음이 환경과 생태계를 방해합니다. 해변에 사는 주민은 수중모터사이클이 멸종위기에 처한 고래의 출산을 방해한다고 원망한 것을 예로 들 수 있습니다. 그러므로 반드시 수중모터사이클 운전자의 최저연령, 운전지역 제한, 운전자 수중안전교육필수를 법적으로 관리해서 더 많은 비극적인 사건발생을 피해야 합니다.

01 위 글의 의제는 무엇인가요?

☐ 가. 반드시 수중모터사이클 운전자의 훈련을 법적으로 관리해야 하는가?

☐ 나. 반드시 수중모터사이클 운전자의 연령을 법적으로 관리해야 하는가?

☐ 다. 반드시 수중모터사이클 운전지역을 법적으로 관리해야 하는가?

☐ 라. 반드시 수중모터사이클 사용을 법적으로 관리해야 하는가?

02 위 글의 결론은 무엇인가요?

☐ 가. 반드시 엄격한 법률을 세워서 수중모터사이클의 사용을 관리해야 한다.

☐ 나. 반드시 엄격한 규칙을 세워서 수중모터사이클의 운전지역을 제한해야 한다.

☐ 다. 반드시 관리직원을 배치해 수중모터사이클 운전자의 최저연령을 지켜야 한다.

☐ 라. 반드시 대규모 네크워크를 구축하여 수중모터사이클 운전자의 기술을 훈련시켜야 한다.

03 위 결론에 대해서 그 이유를 찾으세요. (정답을 모두 고르세요)

☐ 가. 수중모터사이클은 물 위에서 운전하기에 적합하지 않다.

☐ 나. 수중모터사이클은 매우 위험하다.

☐ 다. 수중모터사이클은 수영하는 사람에게 불편함을 준다.

☐ 라. 수중모터사이클은 다른 사람의 자유를 방해한다.

☐ 마. 수중모터사이클은 환경을 위협한다.

☐ 바. 수중모터사이클은 관리를 받지 않았다.

04 위 이유를 뒷받침하는 근거를 찾으세요. (정답을 모두 고르세요)

☐ 가. 수중모터사이클의 운전자는 운전경험이 충분하지 않다.

☐ 나. 수중모터사이클의 운전자는 대부분 운전법을 이해하지 못한다.

☐ 다. 수중모터사이클은 젊은 사람과 수영하는 사람들에게 환영받지 못한다.

☐ 라. 수중모터사이클은 심각한 사고와 사상을 가져온다.

☐ 마. 수중모터사이클의 소음은 해변주민의 평온을 방해한다.

☐ 바. 수중모터사이클의 소음은 멸종위기에 처한 고래를 놀라게 한다.

05 필자의 숨겨진 가치관 또는 신념 가설을 찾으세요. (정답을 모두 고르세요)

☐ 가. 친구에게 관심을 갖는다.

☐ 나. 자기 자신을 희생한다.

☐ 다. 생명을 소중히 여긴다.

☐ 라. 생태계를 중요하게 생각한다.

☐ 마. 오락을 즐긴다.

☐ 바. 스포츠를 멀리 한다.

06 반드시 어떤 단계를 거쳐서 필자의 결론을 받아들여야 하나요?

(정답을 모두 고르세요)

☐ 가. 다른 가능성의 원인을 찾아본다.

☐ 나. 중요한 단어의 의미를 정리한다.

☐ 다. 근거가 분명하고 믿을 만한지 따져본다.

☐ 라. 근거가 결론을 뒷받침하고 있는지 따져본다.

☐ 마. 다른 대체결론을 찾아본다.

☐ 바. 자신이 선호하는 가치관을 찾는다.

 제 16과 학습 포인트

> ✓ 결론은 화자나 필자의 주장, 건의, 설명 또는 결정이다.
>
> ✓ 우리는 비판적인 사고의 단계를 다음 두 부분으로 나누어 결론을 도출해낼 수 있다.
>
> ❶ 분석 - 화자나 필자가 도대체 무엇을 얘기하고 무엇을 주장하는가?
>
> ❷ 평가 - 화자나 필자의 결론을 받아들일지에 대한 여부 결정
>
> ✓ 글에서 도출해낸 결론은 반드시 다음 두 가지 조건에 부합해야 한다.
>
> ❶ 기본 이유와 숨겨진 가설은 반드시 진실이거나 믿을 만한 것이어야 한다.
>
> ❷ 모든 추론은 논리상으로 정확하고 오류가 없어야 한다.

사람들마다 생각이 다를 수 있어요. 어떤 답이 절대적으로 옳다고 말할 수 없기 때문에 여기에 있는 답은 참고답안일 뿐이지 정답이 아니랍니다. 그리고 혹시 답이 나와 있지 않은 문제는 여러분이 자유롭게 생각하면 됩니다.

제1과

1

01 ㉮,㉯,㉰,㉱,㉲,㉳   02 ㉯   03 ㉮,㉰,㉱,㉲,㉳   04 ㉰   05 ㉰,㉳
06 ㉮,㉯,㉰,㉲,㉳,㉴,㉵,㉷,㉶

2

01 ㉰   02 ㉱   03 ㉰   04 ㉰   05 ㉮   06 ㉱   07 ㉱   08 ㉯   09 ㉮   10 ㉱

3

01 ㉮,㉯,㉱   02 ㉯,㉰,㉳   03 모두 정답   04 ㉮,㉯,㉰,㉱,㉳

제2과

1

01 ㉮   02 모두 정답   03 ㉱   04 ㉯   05 ㉰   06 ㉯   07 ㉮

2

01 ㉰   02 ㉱   03 ㉯   04 ㉰   05 ㉮,㉯,㉱   06 ㉱   07 ㉮,㉯,㉰,㉱

3

01 ㉮   02 ㉮   03 ㉰   04 ㉰   05 ㉱

4

01 ㉮   02 ㉮   03 ㉮   04 ㉯   05 ㉯   06 ㉮   07 ㉮   08 ㉯   09 ㉮   10 ㉯
11 ㉮   12 ㉯   13 ㉮   14 ㉮   15 ㉮   16 ㉮   17 ㉮   18 ㉮

제3과

1

01 ㉱   02 ㉮   03 ㉮,㉰,㉱,㉲,㉳   04 ㉰,㉳   05 모두 정답

2

01 ⓝ, ⓡ, ⓱   02 ⓡ   03 ⓓ   04 ⓡ   05 ⓖ

3

01 ⓖ, ⓝ, ⓓ, ⓡ, ⓱, ⓪   02 ⓝ, ⓡ, ⓱   03 ⓝ   04 ⓓ   05 ⓖ   06 ⓓ

제4과

1

01 ⓓ   02 ⓖ   03 ⓡ   04 ⓓ   05 ⓖ, ⓝ, ⓜ, ⓱, ⓢ

2

01 ⓝ, ⓓ, ⓡ   02 ⓡ   03 ⓡ

3

01 ⓖ, ⓓ, ⓜ, ⓱   02 ⓓ   03 ⓖ   04 모두 정답   05 ⓡ

4

01 ⓝ   02 ⓝ   03 ⓓ   04 ⓡ   05 ⓓ

제5과

1

01 ⓓ, ⓱   02 ⓖ   03 ⓡ   04 ⓓ   05 ⓖ   06 ⓖ, ⓝ, ⓓ, ⓜ

2

01 ⓖ, ⓱   02 ⓝ, ⓡ   03 ⓡ   04 ⓓ   05 ⓓ   06 모두 정답

3

01 ⓖ, ⓓ, ⓜ   02 ⓝ   03 ⓖ, ⓡ, ⓜ

4

01 ⓖ, ⓝ, ⓡ, ⓜ, ⓱, ⓪   02 ⓓ

제6과

1

01 ㉣   02 ㉮, ㉯, ㉰, ㉱, ㉲, ㉴   03 ㉯, ㉰, ㉣, ㉲, ㉳, ㉴   04 ㉮, ㉰, ㉣, ㉲

05 모두 정답

2

01 ㉮, ㉯, ㉰, ㉣, ㉱   02 ㉣   03 ㉣   04 ㉯   05 ㉯

3

01 ㉯   02 ㉣   03 ㉮, ㉰, ㉲   04 ㉯   05 ㉣   06 ㉮

제7과

1

01 ㉰, ㉣, ㉱   02 ㉮, ㉯, ㉱, ㉲   03 ㉯, ㉰, ㉣, ㉲   04 ㉰, ㉣, ㉱, ㉲   05 ㉰

06 ㉮

2

01 ㉯   02 ㉮, ㉳, ㉴(자유, TV폭력, 문제아동 및 불건전에 대해서 명확한 정의를 내리지
않았다)   03 ㉮   04 ㉰   05 ㉮, ㉯, ㉰, ㉣, ㉱, ㉲, ㉴

3

01 ㉰   02 ㉯, ㉣, ㉱, ㉲   03 모두 정답   04 ㉮, ㉯, ㉰, ㉣, ㉱   05 ㉰   06 ㉰

제8과

1

01 ㉮(그 비타민이 비타민 중 어느 비타민인지 설명하지 않았다)   02 ㉯   03 ㉯   04 ㉯

05 ㉰(새로운 피는 새로운 회원을 가입시키는 것일 수도 있고 신선한 혈액을 수혈하는 것일
수도 있다.)   06 ㉮(어떤 의사인지와 무엇을 허가하였는지 자세하게 설명하지 않았다.)

07 ㉯   08 ㉰(서방은 방향을 가리킬 수도 있으며 지구 서편의 국가를 얘기할 수도 있다.)

09 ㉯   10 ㉮(기타성분이 들어갔는지에 대한 여부가 나와 있지 않다.)

2

01 ㉯, ㉣, ㉱, ㉲   02 ㉰   03 ㉣   04 ㉰   05 ㉰   06 ㉯   07 ㉮   08 ㉯

3

  01 ㉒   02 ㉒   03 ㉒   04 ㉑   05 ㉓

제9과

1

  01 ㉯, ㉱, ㉲, ㉳   02 ㉓   03 ㉯   04 ㉯   05 ㉓   06 ㉯   07 ㉓

2

  01 ㉒   02 모두 정답   03 모두 정답   04 ㉑, ㉒, ㉓, ㉱, ㉵   05 ㉒   06 ㉯

  07 ㉑   08 ㉓   09 ㉯

3

  01 ㉒   02 ㉑, ㉒, ㉓, ㉲, ㉳, ㉵   03 ㉒   04 ㉑, ㉯, ㉒, ㉓, ㉱, ㉲

제10과

1

  01 ㉯   02 ㉑   03 ㉓   04 ㉒   05 ㉯   06 ㉯   07 ㉯   08 ㉓

2

  01 모두 정답   02 모두 정답   03 ㉯   04 ㉓   05 ㉓   06 ㉓

3

  01 ㉑, ㉒, ㉲   02 ㉓   03 ㉒   04 ㉯   05 ㉓   06 ㉒   07 ㉯

제11과

1

  01 ㉓   02 ㉒, ㉲   03 ㉯   04 ㉑   05 모두 정답   06 모두 정답

2

  01 ㉓   02 ㉑   03 ㉓   04 ㉒   05 ㉓   06 ㉒

3

  01 ㉑, ㉓, ㉲   02 ㉒   03 ㉓   04 ㉓   05 ㉑, ㉓, ㉱   06 ㉯, ㉒, ㉓, ㉱

제12과

1

01 모두 정답   02 모두 정답   03 ㉯,㉰   04 ㉯   05 ㉱

2

01 ㉱   02 모두 정답   03 ㉣   04 ㉮,㉯,㉣,㉤,㉰   05 ㉣   06 ㉤,㉰   07 ㉱

3

01 ㉱   02 ㉣   03 ㉮   04 ㉱,㉣,㉤   05 ㉣   06 ㉣   07 ㉮   08 ㉱

09 모두 정답

제13과

1

01 ㉱   02 ㉣   03 ㉯   04 ㉮,㉣,㉤,㉝,㉞   05 ㉮

2

01 ㉱(한 아이가 좋아한다는 것이 모든 아이들이 좋아하는 것을 나타내는 것은 아니다.)

02 ㉯(한 사람의 흡연여부와 그의 일반적인 행동에는 직접적인 관계가 없다.)

03 ㉮('낮은 품질의 물건' 자체가 하나의 평가이다.)

04 ㉯(개인의 형편없는 농구실력과 대학농구팀의 평가는 직접적인 관계가 없다.)

05 ㉮(해가 동쪽에서 뜨고 서쪽에서 지는 것처럼 불변의 진리는 있다.)

06 ㉣(아이들을 교육하는 것이 모두 교사와 부모의 책임이라고 가정할 수 없다.)

3

01 ㉱   02 ㉣   03 ㉯   04 ㉱   05 ㉮   06 ㉯   07 ㉮   08 ㉯   09 ㉣   10 ㉱

11 ㉱   12 ㉮

제14과

1

01 ㉮,㉱,㉰   02 ㉣   03 ㉮,㉰   04 ㉯,㉣,㉰,㉝   05 모두 정답   06 ㉱

07 ㉮,㉱,㉣,㉰

2

01 ㉯   02 ㉣   03 ㉮   04 ㉮,㉯,㉱,㉣,㉰,㉝,㉞   05 ㉮,㉯,㉱,㉣,㉰

3

01 ㉮   02 ㉮, ㉯, ㉱, ㉲   03 ㉰   04 ㉯   05 ㉯   06 ㉯, ㉰, ㉱, ㉲

제15과

1

01 ㉰   02 ㉱   03 ㉮, ㉯, ㉰, ㉱   04 ㉰

2

01 ㉯, ㉰, ㉱, ㉲, ㉳   02 ㉮, ㉱, ㉳   03 ㉱   04 ㉮, ㉰, ㉲, ㉳

05 ㉮, ㉱, ㉲, ㉳   06 ㉱

3

01 ㉯   02 ㉯   03 ㉮   04 ㉰   05 ㉯   06 ㉯

제16과

1

01 ㉮, ㉰, ㉱, ㉲, ㉴, ㉵   02 ㉰   03 ㉱   04 ㉱   05 ㉮, ㉰, ㉱, ㉳

06 1) ㉮   2) ㉮   3) ㉮   4) ㉮   5) ㉮   6) ㉯   7) ㉯   8) ㉯   9) ㉯   10) ㉯

2

01 ㉱   02 ㉮   03 ㉯, ㉱   04 ㉮, ㉯, ㉱, ㉲, ㉳   05 ㉰, ㉱   06 ㉮, ㉯, ㉰, ㉱, ㉲

지은이

리앙즈웬(梁志援)

저자는 홍콩 이공대학과 마카오 동아대학(마카오대학)에서 경영관리 학사학위, 마케팅 학사학위와 석사학위를 받았으며, 아동 사고(思考) 훈련 및 컴퓨터 교육 분야에서 많은 현장 경험을 가지고 있다. 현재 홍콩 컴퓨터학회, 영국 특허마케팅학회, 홍콩 컴퓨터교육학회와 홍콩 인터넷교육학회 회원으로 활동하고 있다. 또한 컴퓨터 과학기술, 심리학, 신경언어학(NLP)을 통해 아동과 청소년 양성에 주력해왔다. 그는 또한 사고방법, 교수법, 잠재의식 운영, 심리학 등의 관련 학문을 공부했다.

홈페이지 www.youngthinker.net

옮긴이

권혜영

계명대학교에서 한국어문학과 중국어문학을 전공하였고 중국 흑룡강대학에서 중국어를 공부했다. 세광스텐, 세진금속을 거쳐 현재 ㈜YK trade에서 중국어 통역 업무를 맡고 있다.

한언의 사명선언문

Since 3rd day of January, 1998

Our Mission – · 우리는 새로운 지식을 창출, 전파하여 전 인류가 이를 공유케 함으로써 인류문화의 발전과 행복에 이바지한다.

– · 우리는 끊임없이 학습하는 조직으로서 자신과 조직의 발전을 위해 쉼없이 노력하며, 궁극적으로는 세계적 컨텐츠 그룹을 지향한다.

– · 우리는 정신적, 물질적으로 최고 수준의 복지를 실현하기 위해 노력하며, 명실공히 초일류 사원들의 집합체로서 부끄럼없이 행동한다.

Our Vision 한언은 컨텐츠 기업의 선도적 성공모델이 된다.

저희 한언인들은 위와 같은 사명을 항상 가슴 속에 간직하고
좋은 책을 만들기 위해 최선을 다하고 있습니다.
독자 여러분의 아낌없는 충고와 격려를 부탁드립니다.
· 한언 가족 ·

HanEon's Mission statement

Our Mission – · We create and broadcast new knowledge for the advancement and happiness of the whole human race.

– · We do our best to improve ourselves and the organization, with the ultimate goal of striving to be the best content group in the world.

– · We try to realize the highest quality of welfare system in both mental and physical ways and we behave in a manner that reflects our mission as proud members of HanEon Community.

Our Vision HanEon will be the leading Success Model of the content group.